中华
经典通识

四书通识

郭齐勇——著

中华书局

图书在版编目(CIP)数据

四书通识/郭齐勇著. —北京:中华书局,2024.1(2024.6重印)
(中华经典通识)
ISBN 978-7-101-16410-7

Ⅰ.四⋯ Ⅱ.郭⋯ Ⅲ.四书-研究 Ⅳ.B222.15

中国国家版本馆 CIP 数据核字(2023)第 214920 号

书　　名	四书通识
著　　者	郭齐勇
丛 书 名	中华经典通识
主　　编	陈引驰
丛书策划	贾雪飞
责任编辑	董洪波
封面设计	毛　淳
责任印制	管　斌
出版发行	中华书局
	(北京市丰台区太平桥西里38号　100073)
	http://www.zhbc.com.cn
	E-mail:zhbc@zhbc.com.cn
印　　刷	天津裕同印刷有限公司
版　　次	2024 年 1 月第 1 版
	2024 年 6 月第 2 次印刷
规　　格	开本/880×1230 毫米　1/32
	印张 11⅛　字数 180 千字
印　　数	5001-11000 册
国际书号	ISBN 978-7-101-16410-7
定　　价	65.00 元

编者的话

经典常读常新，一代有一代的思想，一代有一代的解读。"中华经典通识"系列丛书，邀请当今造诣精深的中青年学者，为读者朋友们讲授通识课。希望通过一本"小书"，轻松简明地讲透一部中华传统经典。

本系列丛书由复旦大学陈引驰教授主编，每本书的作者都是该领域的名家，他们既有深厚的学养，又长于深入浅出，融会贯通。每本书都选配了大量相关的图片，图文相生，能增强阅读的趣味性。

希望这套丛书，能成为人们了解中华传统文化的可靠津梁。

目　录

今天我们为何要读四书

四书五经是我国最重要的经典。中国人的文化价值观主要汇集于或者说来自四书五经。学好四书是走进五经的门径、阶梯。

四书或称"四子",指《大学》《中庸》《论语》《孟子》,是儒家重要的经典,也是中华文化的宝典。朱熹的《四书章句集注》无疑也是经典,是宋代人注疏、诠释四书的集大成者,影响了东亚七八百年。

一、四书的意义

四书是中国人必读的书。四书之于中国,如同《吠陀经》或《奥义书》之于印度、《古兰经》之于阿拉伯、《新约》《旧约》之于西方。四书，特别是《论语》，就是中国人的圣经，中国人精神世界的源头。

四书根本上是教人如何做人做事的。大多数中国人接受了四书的影响，才知道做人的尊严、人格的力量、人生的价值与意义。宋代张载（横渠）说："为天地立心，为生民立命，为往圣继绝学，为万世开太平。"这是中国古代知识分子的文化理想，也是他对儒学精义的概括。按照梁启超先生的说法，《论语》《孟子》是两千年国人思想的总源泉，支配着中国人的内外生活，其中有益于身心的圣哲格言，一部分久已在我们全社会形成共同意识，我们既然作为这社会的一份子，总要彻底了解它，才不致和共同意识产生隔阂。四书表达了中国人的人生信仰与思想智慧。

中国台湾的心理学家杨国枢先生讲，以儒家文化为基底的中国文化其实是形塑中国人心理和行为的非常重要的精神资源。有的学者、作家告诉我们，他们的人生观是在十三岁上中学后的几年间，通过必修的《中华文化基本教材》（内容即是四书），接受了"己欲立而立人，己欲达而达人""己所不欲，勿施于人""老吾老，以及人之老；幼吾幼，以及人之幼""士穷不失义，达不离道……穷则独善其身，达则兼善天下"等基本价值理念之后，就奠定了下来的。这些价值观在不少人的生活中潜移默化地起着作用，乃至成为精神生命的主脉、做人做事的准则。我们周围很多人，也是以孔仁孟义、气节人格来滋润生命，从而面对现实、立身行世的。我也有类似的生命体验。其实，四书所讲的，正是我们平凡的老百姓真正安身立命的精神支柱，是人之所以为人的依据。

任何一个社会、一个族群，作为其文化土壤或社会文化背景的有两个东西，一个叫"文化认同"，一个叫"伦理共识"。所谓"文化认同"或者叫"民族文化的自我身份认同"，解决的是"我是谁""我来自哪里"的问题，是个体所归属的民族文化基本身份的自我定位，是精神信仰的归乡与故园。所谓"伦理共识"，其实是在民众中的一个隐性的，然而又具有约束力的价值观、生活态度、对待家庭与社会的方式及终极信念的共同点。一个社会、一个族群的生活如果没有"文化认同"与"伦理共识"，不免会遭受脱序的危险，当然也就不可能有健康的现代化，健康的政治、经济、科技、文化的建设。

实际上，健康的现代化，健康的法治社会、工商社会的建构，不能不依赖于"文化认同"与"伦理共识"。而四书，正是孕育中华民族的"文化认同"与"伦理共识"的基本经典，其中所讲的道理，例如五常"仁""义""礼""智""信"，四维八德"孝悌忠信""礼义廉耻"等，就是中华民族的核心价值观念，一直到今天还活生生地扎根在老百姓的心中，继续为中华民族的成长与复兴起着积极的作用。人类文明的经典，可以调治现代的生活；中国传统经典如儒家的四书五经，道家的《老子》《庄子》，佛家的《六祖坛经》《心经》等，同样有调治的作用。

（南宋）佚名绘《朱熹像》

钱穆（宾四）先生说，中国文化史上有两位伟人，地位越出其他人之上，前古是孔子，近古是朱子。钱先生的这个说法是很有根据的。朱子是百科全书式的学者，同时也是一位积极入世、关怀百姓疾苦的有为的政治家。其实真正的儒家，从来都是"内圣外王"相一致的。"内圣"指心性修养，"外王"指建功立业。没有所谓一心只研究"心性论"或只修身养性的儒家，或是一心参与政治事务的"政治儒学"。这两者分化了就不是儒学或儒家了。儒家中人对"内圣"与"外王"或者因客观条件限制而有所偏重，但绝不会偏废其中任何一方。现代人也是这样，我们修养身心，同时担负着一定的公共事务，有一定的社会职责，仍然是德与业的并进。

二、四书的缘由

《论语》是孔子的不同弟子和再传弟子对孔子及其弟子言行之记载的汇集，并非成于一人一时。大约在春秋末期，弟子们把"接闻于夫子之语"记载下来；通过口耳相传，再传弟子把孔子的言行追记下来；后人编纂成不同的简策（篇章）。大约在战国早期就有了汇集本。传至汉朝，至少有了鲁、齐、古文三种汇编本。今传本源于西汉末年张禹融合的鲁、齐《论语》本。《论语》记载了孔子与弟子或当时的政治家、学者们的对话，平易亲切，恬淡中寓意深长。

近年湖北省荆州博物馆发掘、整理出楚简《论语》，拟名为《孔子曰》，与安徽大学收藏的楚简《仲尼曰》相近，估计是战国中期在南方流传的《论语》。

《论语》不是一整套思想体系或伦理教条，多半是师生共同讨论，体验天道、人事的真实记录。它是儒家经典之一，东汉时被列入经部，在汉至唐代是妇女、学童的启蒙读本。《论语》是我国第一重要的书，是中国人安身立命、立身行世的教科书。

《大学》是《礼记》(《小戴礼记》) 四十九篇中的第四十二篇，作者已无可考，很有可能出于孔门曾子 (曾参) 及其弟子。唐代韩愈《原道》引用了《大学》，弟子李翱开始阐发《大学》的"格物致知"论。宋以前没有单篇别行之本，宋仁宗于天圣八年 (1030) 曾将单行本赐予新第进士王拱辰等。司马光著《中庸大学广义》一卷，《大学》《中庸》并称别出。程颢、程颐兄弟表章《大学》《中庸》《论语》《孟子》，合称四书，以此作为上达六经的法门，又称《大学》为"初学入德之门"。

据程朱的解释，古代王公贵族至普通庶民的俊秀子弟，八岁入小学，十五岁入大学，小学学习待人接物之礼，大学则学习穷理正心、修己治人之道。《大学》之理兼通内外，内则详说修身的步骤，外则讲明做人的规模，是初学者的入门书。先学《大学》，以明学习的次序，其要点在格物致知、诚意正心的修养工夫。格物的重心在即物穷理，诚意的重心在毋自欺、慎其独。《大学》的修身、齐家、治国、平天下，其本只是正心、诚意而已。心得其正，然后才知人性之善。

《中庸》是《礼记》（《小戴礼记》）中的第三十一篇，但单篇别出，由来已久。《中庸》为孔子之孙子思所作，其文句虽在汉代有人增删，然其思想是子思的则毫无疑问。班固《汉书·艺文志》载有《中庸说》两篇，受到历代朝野的重视。唐代李翱的《复性书》，最早发掘了《中庸》的性命之学的价值。宋儒周敦颐等进一步阐发了《中庸》的形上学与心性论。邢昺向宋真宗陈述《中庸》大义，为真宗采纳。宋仁宗以《中庸》赐进士。范仲淹授《中庸》于张载，启导张载入圣人之室。二程夫子表章《中庸》，与《大学》《论语》《孟子》并行。程颐认为此篇乃孔门传授心法，始言一理，中散为万事，末复为一理。

《中庸》重在揭示人心、道心的区别，人心生于形气之私，道心源于性命之正。该书讲天命、率性，即是讲道心，所谓"择善固执"，即"惟精惟一"之道；所谓"君子时中"，即是执中的意思；所谓"率性"，只是循天理而已。

《孟子》一书主要是孟子自著，或者是其高弟记录孟子言行，孟子晚年加以整理而成。《孟子》七篇的注有汉代赵岐的《孟子章句》。《汉书·艺文志》虽将《孟子》放在诸子类，但在汉代人的心目中，它是辅翼"经书"的"传"。汉文帝把《论语》《孝经》《孟子》《尔雅》各置博士，便叫"传记博士"。赵岐尊孟子为"亚圣"，把《论语》《孟子》并列，

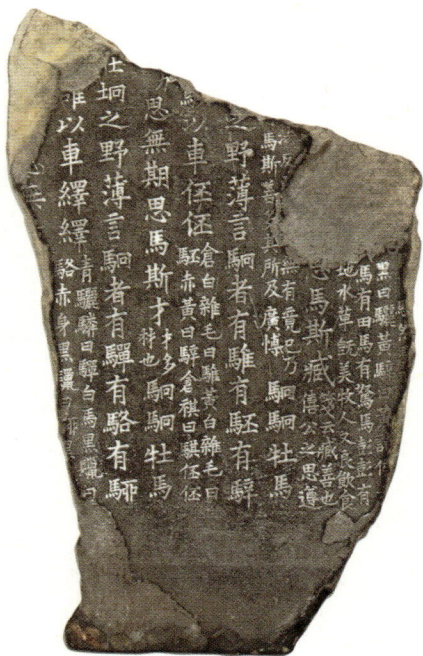

五代后蜀石经残片

王充也把《孟子》看为"传"。中唐以后韩愈的《原道》提出儒家道统说。五代后蜀主孟昶将包括《孟子》在内的十一经刻石，宋太宗又加以翻刻。自此《孟子》被列入经书。北宋第一流的学者与政治家孙复、石介、欧阳修、王安石等，响应韩愈的道统说，尊崇孟子，重振儒学的工作遂为士子所认同。到二程时，已将《论语》《孟子》并提，其地位已凌驾于六经之上。

《孟子》一书，主要是正人心，教人存心养性，求其放心。韩愈说："惟孟轲师子思，而子思之学出于曾子。自孔子没，独孟轲氏之传得其宗。故求观圣人之道者，必自孟子始。"程子说："《孟子》有功于圣门，不可胜言。仲尼只说一个仁字，孟子开口便说仁义。仲尼只说一个志，孟子便说许多养气出来。"（《四书章句集注》）

自宋代（特别是南宋）以来，四书地位大大提高。元至清代，四书成为科举考试的内容，成为士子必读的书。

我们认为，原来分别刊行的《论语》《孟子》与《礼记》中的《大学》《中庸》之所以慢慢结集成为四书，有文化的原因与社会的原因。

　　先说文化的原因。面对佛学、道教的挑战而重建中华文化的精神内核，是四书形成的文化原因。经过历史上外在的排佛和形式的模仿，至宋代，士人开始积极地、内在地吸收、消化、扬弃佛学，也吸收本土的道教，重建适合中国大群人生的精神系统，包括哲学的宇宙观、形上学、心性论。宋代真正实现了儒释道三教的融合，特别是以历史实践证明最适合中国社会的儒家思想为主体的融合。宋元明清是"道学"或"理学"作为精神世界的时期。其兴起，正是中国知识人面临政治、民族危机，特别是外来文化思想的严重挑战而产生的一种"文化自觉"。

　　自唐代韩愈开始，至宋初三先生（石介、胡瑗、孙复）、北宋五子（周敦颐、邵雍、张载、程颢、程颐）直到南宋朱子，可以说是数代知识人重塑中国人的终极信念与价值系统，从高的层次与水平上回归中国人的精神源头，即回归六经、孟子、孔子、周公的过程。朱子与同时代的学者（吕祖谦、陆氏兄弟、陈亮等）间的辩论，朱子之后的阳明学及明代的其他心学、气学诸论，乃至明末清初大儒的反省等，尽管异彩纷呈，创见迭出，派系繁复，争论不休，然合而观之，其所同大于所异，深论细节千差万别，而总体上莫不仍旧环绕着一个中心而展开，这个中心就是对佛道二教作内在性的批评、扬弃、消化，重建中国人自己的宇宙论与本体论，解决中国人的精神归宿问题（信念、信仰、终极性等）及超越追求与现实关怀的关系问题。宋明理学（道学）重建了宇宙论、本体论和心性修养论，重建了道德形上学的体系。这一时期的哲学在中国哲学史上的最大贡献是抽象程度很高，不仅讨论宇宙自然的发生与发展，而且进一步讨论天地万物的根据、本原和普遍规律等形而上的问题，包括人的终极关怀问题。

再说社会的原因。唐代以后中国社会的转型，是四书形成的社会原因。宋代与唐代及以前时代的区别，在于宋代开始了平民化的过程，传统社会贵族与庶民二元对立的结构开始解体。宋代的经济水平、城市规模与文化繁荣的程度，都是当时在地球其他地域生存的民族所无法企及的。那是世界文明史上的奇观！二元对立的社会结构解体之后的平民化的社会，需要凝聚中华各民族，特别是平民所能接受的精神性的，蕴含社会理想、做人之道与终极信仰的文本或经典。于是，唐代及此前上层社会人士诵习的五经，逐步让位于平民诵习的四书。这个过程比较漫长。四书当然不可能取代五经，宋代以后，士子有关五经乃至十三经的研究仍然代不乏人，颇多创构，然而从整个社会文化来看，四书已成为家传户诵之学，成为朝野、城乡文化的主流。

四书与"四书学"是因社会民间的需要应运而生的，是文化下移的产物。孔子是中国知识人第一次文化下移工作的代表，把王官之学下移民间，开创私学，删修六经，在士子中开启经典整理与诠释的传统。朱子是中国知识人第二次文化下移工作的代表，讲学民间，注释四书，在社会大群中开启四书的新传统。借用今天的话来说，点击率高的关键词，宋以前是"周孔"（或"孔颜"）与五经，宋以后则是"孔孟"与四书。这也是钱穆先生说过的。北宋确有扩大经学范围和重新注释经书的文化运动，于是有了四书的形成与流行。

三、朱子的诠释

朱子穷其一生为《大学》《中庸》作章句，为《论语》《孟子》作集注，用功甚勤，修改不辍，四十余年，"改犹未了"，直到临终前三日还在修改《大学·诚意章》，真是做到了"毕力钻研，死而后已"。

2003年上半年我在日本关西大学访学。5月27日，我与内子曾到大阪市立美术馆参观流失海外的中国书法展览，乃美国、日本收藏的书法精品，有一些是我在北京故宫博物院、台北"故宫博物院"和上海博物馆都未曾见到的珍品，如王右军的《行穰帖》等。有一件珍品尤其使我流连忘返，那就是京都国立博物馆藏朱子行书《论语集注》残稿，是一位日本人1914年在北京文物市场上买到的。展出的是《论语·颜渊》部分，写于南宋淳熙四年（1177）。我与内子在这一珍贵文物前伫立良久。全部展览看完后，我们又回过头来再次行注目礼。此次展出的朱子墨宝，还有东京国立博物馆藏的朱子草书尺牍（3件合）等。

朱子《四书章句集注》的特点是，以洗练的文字，逐句解释四书之难点、要点，先注音，再释典故、人物，包括难字难句，接着解释其义理。应该说，朱子仍是以训诂为主，以疏通文字为主。《四书章句集注》有关义理的解释

朱熹书《论语集注》残稿

也不全然是宋代理学家的看法，他首先还是讲通行的看法，就先秦儒学的基本知识与道德义理加以阐发，特别是在疑难处，遇到一些范畴与关键词，遇到一些与汉至唐代儒家不同的看法，遇到特别方便发挥宋儒观点的地方，他或引用二程及其学生或他人的看法，或自己直截加以解释。在引用了前人或当时人的看法后，如不需再说则不说，如需要加以抉择判断，则加"愚按""愚谓"予以判定，或者留有余地。在章节之末，以"此一节""此章言""此言"云云，加以总结。需提醒读者注意上下文相互关联处，也特别加以说明。除哲学名词和特别便于发挥处的义理是宋人的或朱子个人的理解外，一般说来，全书注释大体上是公共性的知识，故而这是非常精要、深刻而难以替代的四书教材。朱子的学生李性传说此书"训释最精"，是非常确当的。当然，清代以来有了其他的训释四书的著作，如焦循的《孟子正义》，刘宝楠、刘恭冕父子的《论语正义》，程树德的《论语集释》，杨树达的《论语疏证》等，在训诂上更加完备、准确，但仍然无法代替朱子的这部著作。读者不妨参读。朱子的这部著作无疑是宋代人四书学的集大成者，朱子把四书体系化了。

四、生命的学问

朱子的《四书章句集注》在元仁宗延祐年间被钦定为科举考试的主要教材之后，在朝野有了更为广泛的流传，影响更大。当然，一旦被钦定为官方哲学，成为士子登庸利禄的工具，越到后期传统社会，就越来越僵化，削弱了原本活泼、清新、创进、健康的精神资源的价值。

朱子的《四书章句集注》不仅是近世影响我国的最深远的著作，也是影响东亚的最深远的著作。本书传到朝鲜半岛、日本和越南之后，当地的儒学专家对其有了多少不同于中国的发展，赋予了富有本土意味的创新意义，在学界有很多深入的探讨，在民间也有广泛的影响。东亚儒学的四书诠释有非常复杂多样、生动丰富的传统。

如何读四书？现在对古代经典的诠释，有一些低俗化的倾向，对于民间文化来说，浅一点是正常的，但一定要提升受众的水平，努力把"戏说""俗讲"引导为"正讲"。

"四书学"在今天仍有勃兴之势。从近十余年来我与同仁在学校、社团、企业、媒体、地方图书馆等处讲授四书的情况来看，深感民众迫切需要，又特别欢迎，他们对四书有一种亲和感，而且能从生命的体验中、从生活的实践中加以理解。我相信，四书仍是现代中国人最好的精神食粮！

关于四书的读法，朱熹说："某要人先读《大学》，以定其规模；次读《论语》，以立其根本；次读《孟子》，以观其发越；次读《中庸》，以求古人之微妙处。"（《朱子语类》卷第十四）有人可能会说，为什么一定要按朱子的步骤呢？我们当然可以各行其是，不过，朱子的读法符合循序渐进、由浅入深的原则。

我们学习四书，首先要疏通文句，读懂弄通每一字、词、句、段的本来意思。这还是要从文字、音韵、训诂入手，借助相对准确的注疏、解释，把握原文、原意。

我们学习四书，根本上是学习如何做人做事，一定要联系实际，知行合一，修身养性，完善自我。程子曾说："今人不会读书。如读《论语》，未读时是此等人，读了后又只是此等人，便是不曾读。"（《四书章句集注》）我们不是为读书而读书，为读经典而读经典，读经典一定要与自己的身心修养，与我们的生活实践联系、贯通起来，变化气质，改过迁善，严于律己，诚心为民。程子说，学者须将《论语》中诸弟子的发问当作自己的提问，把圣人的回答视作今日耳闻，自然会有所得。假如孔孟复生，不过以此教人。如若我们能把四书中的话，深切求索，反复体会，再三玩味，定能涵养自我，提升境界，做好本职工作，服务大众。这样，就能做一个有尊严的人，做一个君子，改变自己，改变世界。

所以，四书要用心去读，以生命对生命，以心灵对心灵，以真诚对真诚。古代圣贤指点人，不是权威说教，而是启发学生或读者自己去领会。儒学是"生命的学问"，要体验、实践，身心合一。我们这里说的"生命"，是德化的生命。学习四书五经等典籍，要身体力行，学以致用，不能所学与所行脱节。《四书章句集注》这部书，我不知读过多少遍、教过多少遍了，反复诵读，每一次都有新的体验与收获。

总之，四书是中国人基本信念、信仰的源泉，是中国人的安身立命之道，是家传户诵之学，哪怕是乡间不识字的劳动者，也在自觉实践其中做人的道理。四书中的"仁爱"思想，"己欲立而立人，己欲达而达人""己所不欲，勿施于人"等格言，一直到今天，不仅是中国人做人的根本，而且是全人类文明中最光辉、最宝贵的精神财富。

　　《大学》原是《礼记》中的一篇，为宋代儒者推崇备至，成为四书之一。据朱子所言，《大学》文本有经一章、传十章，经乃孔子之言而曾子述之，传乃曾子之意而门人记之。如此说来，《大学》可能是曾子述孔子之言，曾子门人记曾子之意而慢慢形成的，应为曾子及其弟子的作品，其时代约为春秋战国之际。

　　唐代韩愈《原道》引用了《大学》，其弟子李翱开始阐发《大学》的"格物致知"

《至圣先贤半身像册·曾子》

论。宋以前没有单篇别行之本。司马光著《中庸大学广义》一卷，《大学》《中庸》并称别出。程颢、程颐兄弟表章《大学》《中庸》《论语》《孟子》，合称四书，以此作为上达六经的法门，又称《大学》为"初学入德之门"。朱子说，读四书，应先读《大学》，以确立自己做人的规模。

《大学》被认为是儒家最全面、最系统申述"治国平天下"学说的一篇文献。《大学》首句说"大学之道，在明明德，在亲民，在止于至善"，实际上三者说明了一个内容，即内圣外王之道。明明德、亲民、止于至善是"三纲"。至善的最高目标就在于亲民、教化天下。作为最高原则的"三纲"，须辅之以具体的实施措施，这便是"八目"，即：格物、致知、诚意、正心、修身、齐家、治国、平天下。

一、大学之道　学以成人

（一）何谓《大学》

在西汉时《礼》是五经之一，被称为《礼经》。《礼经》

的一些内容是针对士阶层的，又被称为《士礼》。晋以后，《礼》《礼经》《士礼》之名被《仪礼》所取代。我们今天看到的《仪礼》十七篇，只是《礼》流传下来的一部分。据《汉书·儒林传》记载，鲁高堂生传《士礼》十七篇。在传衍中，经萧奋、孟卿、后仓、戴德、戴圣等学者整理，就有了今本《仪礼》。古人一般以《仪礼》为经，《记》则是解释经的传。

《礼记》是儒家文献的辑录，有《大戴礼记》与《小戴礼记》两种，是汉代礼家抄录、整理诸《记》的集结。大戴是戴德，小戴是戴圣，都是汉宣帝时期人，是叔侄俩。《大戴礼记》原有八十五篇，现存四十篇。《小戴礼记》仍为四十九篇，其中《曲礼》《檀弓》《杂记》分上下，实为四十六篇，《大学》是第四十二篇。

1993 年 10 月湖北荆门郭店楚简发掘出来，于 1998 年初步整理出版，以及 2001 年以来上海博物馆楚简整理出版之后，人们逐渐发现战国楚简中有很多与《礼记》相同、相近、相类似、可互证互通的材料。目前学者们倾向于认为《礼记》诸篇都是先秦时期的作品，有的篇目在流传过程中掺入了汉代人的少量文字。可以参读王锷《〈礼记〉成书考》、吕友仁《〈礼记〉研究四题》、丁鼎《礼记解读》等书。

二程以《大学》为"孔氏之遗书"。朱子认为《大学》首章是"孔子之言，而曾子述之。其传十章，则曾子之意而门人记之也"（《大学章句》）。今人李学勤结合马王堆帛书和郭店楚简中的《五行》，认为朱子之说很有道理。王锷认为朱子、李学勤的看法很有根据，认定该篇是战国前期的作品。（王锷《〈礼记〉成书考》）

（二）《大学》宗旨

按朱子的《大学章句序》，上古三代，自王室以至庶民，莫不有学。孩童八岁，皆入小学，教之以洒扫、应对、进退之节，礼乐、射御、书数之文；及至十五岁，则自天子之元子与凡民之俊秀者，皆入大学，而教之以穷理、正心、修己、治人之道。他说这是学校之教、大小之节的分别。

朱子在这里想表达的是，自天子以至于庶民的孩子，都要接受学校的教育。学校分小学与大学，小学教的是应事接物与六艺之学，即是以礼乐为中心的养成教育；而大学教的是更深层的正心诚意的修身之道与外王治民之学。当然，即使是当时上层贵族精英子弟所在的太学，其教育也是寓教于乐的。内圣外王之理想的培养、训练，仍然是在学习经典及实习的过程之中进行的，也会配合礼、乐、射、御、书、数等的陶冶。朱子所说的重心是，《大学》的主旨是培养士人做大人、做君子。此即大学之道，学习成就自己人格的道路。

朱子在《大学章句序》中还批评了记诵词章之学，在《白鹿洞书院揭示》中他也有类似的看法，其中说道："古昔圣贤所以教人为学之意，莫非使之讲明义理，以修其身，然后推以及人，非徒欲其务记览、为词章，以钓声名、取利禄而已也。"古代圣贤教人读书的用意，莫不是向学习者讲明做人的道理，学习者用它来修身养性，然后推及他人，并非仅仅希望学习者把学过的东西记下来，写成文章，用来猎取声名利禄而已。宋代书院的大兴，是与理学家推行儒家"为己之学"的理想有关的。理学家以他们特有的社会责任感，在科举之外另辟蹊径，兴办各式书院，试图找回学术的独立与尊严。

王阳明对此也持激烈的批评态度，他说：

有训诂之学，而传之以为名；有记诵之学，而言之以为博；有词章之学，而侈之以为丽。若是者纷纷籍籍，群起角立于天下，又不知其几家，万径千蹊，莫知所适。世之学者如入百戏之场，谨谑跳踉，骋奇斗巧，献笑争妍者，四面而竞出，前瞻后盼，应接不遑，而耳目眩瞀，精神恍惑，日夜遨游淹息其间，如病狂丧心之人，莫自知其家业之所归。时君世主亦皆昏迷颠倒于其说，而终身从事于无用之虚文，莫自知其所谓。间有觉其空疏谬妄，支离牵滞，而卓然自奋，欲以见诸行事之实者，极其所抵，亦不过为富强功利，五霸之事业而止。圣人之学日远日晦，而功利之习愈趋愈下。……记诵之广，适以长其敖也；知识之多，适以行其恶也；闻见之博，适以肆其辨也；辞章之富，适以饰其伪也。（《传习录》）

需要指出的是，朱子《四书章句集注》中的《大学章句》，是经过对《礼记》中的《大学》，即王阳明所谓"古本《大学》"重新整理而成的，调整了章节并补了一传。

二、内圣外王　三纲八目

《大学》体大思精，以人为根本，以培养君子为目标。其中的道理，福国利民，又是人人成就功业、立身行道的根本指南。《大学》全文只有 1751 个字，其中经 205 个字。全文纲举目张，事理完备。其理论精微，由内而外，由己而人，从抽象概念到实际工夫。儒家的内圣外王之道在《大学》中得到了系统的表达。

（一）三条纲领

对儒家而言，内圣外王本是一体的，由修身、齐家到治国、平天下是自然的延展，也就是说，由"德"到"德政"、"仁"到"仁政"是自然的推导。这种推导的序列在《大学》中得到了系统的表达：

大学之道，在明明德，在亲民，在止于至善。……古之欲明明德于天下者，先治其国；欲治其国者，先齐其家；欲齐其家者，先修其身；欲修其身者，先正其心；欲正其心者，先诚其意；欲诚其意者，先致其知；致知在格物。

这是儒家内圣外王之道的集中表述。明明德、亲民、止于至善三者是"纲领"，格物、致知、诚意、正心、修身、齐家、治国、平天下八者是"条目"。八条目中，修身是关键和枢纽，朱子认为修身以下是明德之事；齐家以上是新民之事，而总的目标是达到至善的境界。八条目中前五者是内圣之事，后三者是外王之事。内圣是根本，外王只是内圣的自然推衍。这正是儒家的推己及人之道。

从仁心到仁政，孟子表述得更直接："人皆有不忍人之心。先王有不忍人之心，斯有不忍人之政矣。以不忍人之心，行不忍人之政，治天下可运之掌上。"（《孟子·公孙丑上》）仁政是仁

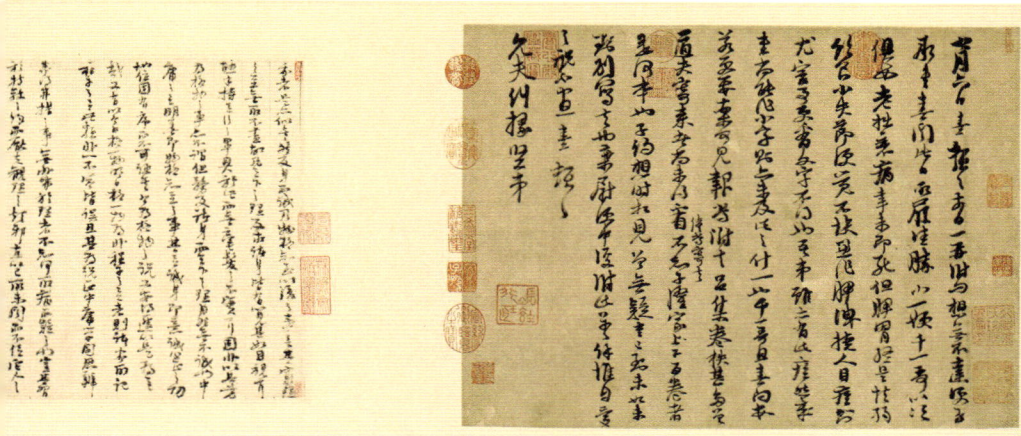

朱熹《行草书尺牍并〈大学或问〉手稿》局部

的直接延伸。

"在明明德，在亲民，在止于至善"三纲领中有三个"在"，是递进的关系。大学即做大人之学，讲个人修身成德、和谐家庭，逐渐扩大到治国平天下的道理。"明明德"，即不断地彰明人自己内在的光明的德性（仁义礼智信等），培养自己高尚的道德。人的德性是天赋予的，人人都有的，不过并非人人都能自觉。"亲民"，即亲和百姓，以百姓的好恶为好恶，爱护民众，也就是"治国"。

关于"亲民"的诠释，在中国学术史上，诸家有不同的看法。

　　程子、朱子把"亲民"解读为"新民"。朱子解释说："新者，革其旧之谓也，言既自明其明德，又当推以及人，使之亦有以去其旧染之污也。"(《四书章句集注》)"新民"即除旧布新，洗汰旧的、不良的习惯，刷新自我，革新人民的精神面貌。

　　王阳明则讲"亲民"的本然意思，强调亲和、爱护百姓。据《传习录》，徐爱问："'在亲民'，朱子谓当作'新民'，后章'作新民'，之文似亦有据。先生以为宜从旧本作'亲民'，亦有所据否？"阳明回答说："'作新民'之'新'，是自新之民，与'在新民'之'新'不同。此岂足为据？'作'字却与'亲'字相对。然非'亲'字义。下面'治国平天下'处，皆于'新'字无发明。……'亲民'犹孟子'亲亲仁民'之谓。'亲之'即'仁之'也。……又如孔子言'修己以安百姓'。'修己'便是'明明德'。'安百姓'便是'亲民'。说'亲民'便是兼教养意。说'新民'便觉偏了。"(《传习录》)

　　在阳明看来，"作新民"的"新"字，是指自我更新的民众，与"在新民"的"新"字，意义并不相同，并不能以此作为证据。他认为："亲民"好比孟子所说的"亲亲而仁民"，对他们的"亲"也就是对他们的"仁"；又好比孔子所说的

詞章出入二氏之學駸駸焉聞是說者目以
為立異好奇漫不省究不知先生居夷
三載處困養靜精一之功固已超入聖
域粹然大中至正之歸夫愛朝夕炙門
下但見先生之道即之若易而仰之愈
高見之若粗而探之愈精就之若近而
造之愈無窮十餘年來竟未能窺其
藩籬世之君子或與先生僅交一面或
猶未聞其謦欬或先懷忽易憤激之心

而遽欲於立談之間傳聞之說臆斷懸
度之何其可得也從游之士聞先生
之教往往得一而遺二見其牝牡驪黃
而棄其所謂千里者故愛備錄平日之
所聞私以示夫同志相與考而正之庶
無負先生之教云門人徐愛書

愛問在親民朱子謂當作新民後章作新民
之文似亦有據先生以為宜從舊本作親
民亦有所據否先生曰作新民之親是自

明嘉靖三十年衡湘書院刊本《傳習錄》內頁

"修己以安百姓"，"修己"就是"明明德"，"安百姓"就是"亲民"。说"亲民"就是兼有教育和养育二义而言，而说成"新民"就觉得意思有些偏颇了。程朱与阳明的这两种解释都讲得通。

"止于至善"，是指追求最高、最完美的意境，达到尽善尽美的境界。以上为《大学》的"三纲领"。《大学》又说：

知止而后有定，定而后能静，静而后能安，安而后能虑，虑而后能得。物有本末，事有终始。知所先后，则近道矣。

"止"，指所达到的地方（或境界），人应当行其所当行、止其所当止。这里说，明白了要达到的境界，志向就能立定。志向确定了，心意才能宁静。心灵不浮躁、不妄动，情感才能安和。情性安和了，对事物才能详细考察。思虑周详了，处理事物才能恰当。要而言之，通过止、定、静、安、虑的修养工夫，能得到大学之道，得其所止。事物有根本与枝节、结局与开端。人能把握学问修养的主次先后、轻重缓急，即可接近大学之道，也就是至善之道。

　　三纲领从主体与客体、对己与对人两方面阐明大学之道。"明明德"是对己而言，彰明德性，培养仁德。"新民"是对人而言，不断以自己之德教化人民。目的是"止于至善"，使人人能明辨善恶、是非、义利，达到大学的崇高理想。

（二）八个步骤

　　《大学》的八条目如下：

　　古之欲明明德于天下者，先治其国；欲治其国者，先齐其家；欲齐其家者，先修其身；欲修其身者，先正其心；欲正其心者，先诚其意；欲诚其意者，先致其知；致知在格物。

古代想要把光明的德性彰明于天下的人，首先要治理好他自己的国家。要治理好自己的国家，首先要处理好自己的家族关系。要处理好自己的家族关系，首先要修饬他自己。过去的家族很大，家族内矛盾复杂，要解决很不容易，这就要有牺牲与奉献，特别是主持家政的治家者，包括其长子、长媳等人的牺牲与奉献，这就要修养自身。要修整本身，首先要端正他自己的心。要端正自己的心，首先要坦诚他自己的意念。要坦诚自己的意念，首先要充实他自己的知识。要充实自己的知识，在于穷究事物的原理。这里的格物、致知、诚意、正心、修身、齐家、治国、平天下，就是《大学》的八条目，即八个步骤，一环扣一环，环环相扣。八条目的枢纽是修身，修身是中心环节。格、致、诚、正、修，是道德修养的内圣学；齐、治、平，是建功立业的外王学。

物格而后知至，知至而后意诚，意诚而后心正，心正而后身修，身修而后家齐，家齐而后国治，国治而后天下平。自天子以至于庶人，壹是皆以修身为本。其本乱而末治者否矣。其所厚者薄，而其所薄者厚，未之有也。……此谓知本，此谓知之至也。

这是前面所讲八条目的逆推。壹是，即一切。厚，丰厚，引申为重视。薄，淡薄，引申为轻视。所厚者，即"本"也，指修身。所薄者，即"末"也，指身外之物，包括齐家、治国、平天下。这是说，从天子到普通百姓，一心所要行的，应当都是把修养自己作为根本。本已乱，末就不能得到治理。本立则道生，本乱则国乱。应该重视的是修身，切勿本末倒置，把修身放在末位。这就叫作知道根本的道理，这就是道德之知的极致。

"知本"的"知"并不是认识论意义上积极的知识，而是敬畏基础上的默契、体悟，是消极意义上的知识。固然学问无大小，真理也无大小，但却有本末。本末的次序、价值的高低，不能不分辨。孟子也说："先立乎其大者，则其小者弗能夺也。此为大人而已矣。"(《孟子·告子上》) 人之为人就在于人有这"异于禽兽者几希"的善性，所以要首先把良心本性立起来。如此，耳目之欲便不能把这善性夺去。在道家，老子说："为学日益，为道日损。"(《老子·第四十八章》)"为学"是探求外在的经验知识，这种知识愈是积累就愈是增多。"为道"则是通过直观体验以领悟事物未分化状态的"道"，这种工夫做得越多、越深，情欲文饰就越减损。

这里我们讲讲"三纲八目"的诠释中的另一不同。在《大学章句》中，朱子将"格物致知"解释为"欲致吾之知，在即物而穷其理也"，大意为研究事物而获得知识。在朱子的理气论中，性属理，理在气先；心属气，心是气之灵。人心最灵敏，可知天下事；而天下事莫不有理。为学者应根据已经掌握的道理，进一步去深入推究它，以求达到极致。当他坚持努力，日

（明）蔡世新绘《阳明先生小像》

积月累，时间一长，就会突然彻悟，自然贯通，无不了解。

青年时代，阳明主要受程朱学派的影响，他对朱子"格物"说的挑战，发生在正德三年（1508）贵州龙场悟道之后。（陈来《有无之境：王阳明哲学的精神》）在阳明的哲学中，心是体，不属气，心之所发便是意，意之所在就是物。阳明说："夫物理不外于吾心，外吾心而求物理，无物理矣；遗物理而求吾心，吾心又何物邪？心之体，性也，性即理也。"（《传习录》）万物之理并不在自己的心外，于自己心外无法寻得物理；遗弃物理而寻求自己的心，便抽空了心。心的本体便是性，性也就是理。心外求理是知与行被判为二的原因，求理于心方是孔门知行合一之教。

既然万物之理并不在自己的心外，在自己心外便无从寻得理。阳明对"格物"的看法自然与朱子大异其趣，因此他对朱子的诠释提出挑战。阳明说："'格物'如孟子'大人格君心'之'格'，是去其心之不正，以全其本体之正。但意念所在，即要去其不正以全其正，即无时无处不是存天理，即是穷理。"（《传习录》）心体无所谓善恶，但发为意念便有善有恶，因此"格"即革除意念之不正以保全其本体之正。只要是意念所至之处，就要去其不正以保全其正，就是无时无地不在"存天理"，也就是"穷理"。

关于"致知"，阳明说："知是心之本体，心自然会知：见父自然知孝，见兄自然知弟，见孺子入井自然知恻隐，此便是良知，不假外求。"（《传习录》）良知是内在先天的善性，人人具有，个个自足，不假外求。"然在常人不能无私意障碍，所以须用致知格物之功，胜私复理。即心之良知更无障碍，得以充塞流行。便是致其知。"（《传习录》）作为时空之中的有限存在，世人都有私意障碍，受物欲的牵制蒙蔽，因此良知向外发为意念，就必须做格物致知的功夫，以克服私意、恢复天理，保证良知得以充塞于内、发用于外。"致知"便是致吾心内在的良知。

在阳明看来，朱子主张用自己的心在外物上去寻求理，这是析心、理为二。对此他辩难道：

朱子所谓"格物"云者，在即物而穷其理也。即物穷理，是就事事物物上求其所谓定理者也，是以吾心而求理于事事物物之中，析心与理而为二矣。夫求理于事事物物者，如求孝之理于其亲之谓也。求孝之理于其亲，则孝之理其果在于吾之心

邪？抑果在于亲之身邪？假而果在于亲之身，则亲没之后，吾
心遂无孝之理欤？（《传习录》）

在他看来，朱子所谓"即物穷理"，是指从外在事物上寻求其
理，是用自己的心在外在事物上寻求理。这便析心、理为二。
到外在事物上去求理，就好比到父母身上去寻求孝的理。到父
母身上去求孝理，那么孝理到底是在自己心中呢，还是在父母
身上呢？假如的确在父母身上，那么，当父母逝世后，自己心
中就没有孝理了。

良知是呈现，而不是假定，这是孟子学的基本立场。见孺
子入于井时有良知呈现便是实例。阳明自觉地承接继孟子学而
来的象山心学传统，深化拓展了"心即理"之说，他论证道：

见孺子之入井，必有恻隐之理；是恻隐之理果在于孺子
之身欤？抑在于吾心之良知欤？其或不可以从之于井欤？其或
可以手而援之欤？是皆所谓理也。是果在于孺子之身欤？抑果
出于吾心之良知欤？以是例之，万事万物之理，莫不皆然。是
可以知析心与理为二之非矣。夫析心与理而为二，此告子"义

外"之说，孟子之所深辟也。"务外遗内，博而寡要"，吾子既已知之矣。是果何谓而然哉？谓之玩物丧志，尚犹以为不可欤？若鄙人所谓致知格物者，致吾心之良知于事事物物也。吾心之良知，即所谓天理也。致吾心良知之天理于事事物物，则事事物物皆得其理矣。致吾心之良知者，致知也。事事物物皆得其理者，格物也。是合心与理而为一者也。(《传习录》)

也就是说，良知并不在将入于井的小孩身上，而在每个人自己的心中。以此来衡量万事万物之理，概莫能外。析心、理为二，致力于外物而遗失了内心，博学多识却缺乏内在根基，即是告子的"义外"说。而阳明所谓"致知格物"，就是将自己心中的良知推及所有事物，则所有事物无不具有天理。将自己心中的良知外推及于物，即为"致知"；万事万物都得其天理，就是"格物"。这就是心与理的统一。

在阳明看来，虽然人与人之间，有贫富的不均、气禀的不同等诸多现实的差异，但说到做工夫，终究不过是"致良知"。他说：

夫学问思辨笃行之功，虽其困勉至于人一己百，而扩充之极，至于尽性知天，亦不过致吾心之良知而已。良知之外，岂复有加于毫末乎？今必曰穷天下之理，而不知反求诸其心，则凡所谓善恶之机，真妄之辨者，舍吾心之良知，亦将何所致其体察乎？吾子所谓"气拘物蔽"者，拘此蔽此而已。今欲去此之蔽，不知致力于此，而欲以外求，是犹目之不明者，不务服药调理以治其目，而徒伥伥然求明于其外，明岂可以自外而得哉！（《传习录》）

学、问、思、辨、笃行的功夫，虽有人资质低下，要付出比别人多百倍的艰苦努力，但当到了尽性知天这一功夫的极限，也不过是尽自己的良知罢了。良知以外，并不能再加一丝一毫。现在的人开口必说"要穷尽天下之理"，却不知道反求自己的本心，那么，所谓善、恶的来由，真、假的区别之类，离开自己心中的良知，又用什么来体察呢？甚至所谓"气拘物蔽"，正是被"穷天下之理"束缚和蒙蔽罢了。欲摆脱这种蔽障，不知致力于自己的心，却想从外面去追求，这好比眼睛失明的人，不去服药调理以治好眼睛，反而到身外去追求视力一样，殊不知视力是不可能从身外求得的。

　　孟子以"求放心"为学问之道，阳明以"致良知"为"学问大头脑"，他们都重视本心，强调反求诸己，具有明显的内向性。在阳明看来，格物致知并不是向外寻求知识，而是将内在的良知推及外在的事物。它是知，也是行。它不仅要成己，也要成物。

　　以上是《大学》的总论，首论三纲领，次论八条目。其中也论及达到至善境界的方法与次序（知止、定、静、安、虑、得），以及三纲领与八条目的关系。对内修己，格、致、诚、正、修，都是明德之事，不断达到至善的境界。对外治人，齐、治、平，都是新民之事。孙中山先生说欧美的政治文化还不如我们的政治哲学系统完备，所举的例子就是《大学》讲八条目的这一段话。他说：

　　把一个人从内发扬到外，由一个人的内部做起，推到平天下止。像这样精微开展的理论，无论外国什么政治哲学家都没有见到，都没有说出，这就是我们政治哲学的知识中独有的宝贝，是应该要保存的。（《孙中山全集》第九卷）

孙先生没有平面化地理解"内圣"—"外王"结构，试图揭示以"修身"为本位的由内省心性到外王事功的道德—政治学说仍有其现代意义，这是十分深刻的认识。有的论者认为由内圣（道德修养）推到外王（建功立业），不合逻辑。这的确不符合形式逻辑，不宜平面地、表层地顺推与逆推；但深层地说，这里确实含有一种深厚的生命理性、生命逻辑或生存体验。《大学》德化政治的八目，对治世者的道德素养的强调，完全可以与当代法治社会的要求相结合。现代法治不能没有伦理共识作为背景与基础，而伦理共识离不开伦理传统。

三、诚意正心　修身为本

（一）不自欺　慎其独

《大学》强调修身为本，其中的工夫，首在"诚意正心"：

所谓诚其意者，毋自欺也。如恶恶臭，如好好色，此之谓自谦。故君子必慎其独也。小人闲居为不善，无所不至，见君子而后厌然，掩其不善，而著其善。人之视己，如见其肺肝然，则何益矣！此谓诚于中，形于外，故君子必慎其独也。曾子曰："十目所视，十手所指，其严乎！"富润屋，德润身，心广体胖，故君子必诚其意。

这里讲，所谓坦诚自己的意念，就是不要自欺。如恶（wù）恶（è）臭，要像厌恶臭恶的气味一样。如好（hào）好（hǎo）色，要像喜爱美好的容貌一样。这就是说，首先要使自己心安。"自谦"，"谦"通"慊"，即自我满足。"慎其独"，根据朱熹的注释，"独者，人所不知而己所独知之地"。慎独之学，在儒家是一种自我修身的功夫，求善去恶，谨而慎之。君子独处时也十分谨慎，而小人在闲居时，什么不好的事都做得出来，等看见了君子才"厌然"，即掩饰躲藏，把不好的掩盖起来，把好的显露出来。其实，别人看他，正像看透他身体内的肺肝一样，躲藏掩盖又有何益呢？这说明，内心真实的意念，必然会表现在外面。所以君子必须谨慎，在己所独知的地方也严格自律。曾子说："十只眼睛一齐向他看着，十只手一齐向他指着，这是多么严峻呀！"财富可以装饰房屋，德行才能装饰人身。心底无私天地宽，身体也能安舒。胖

（pán）是舒泰安乐的样子。诚意的工夫在于慎独，而慎独的要领，在于胸中坦荡。君子坦荡荡，小人长戚戚。很多事情，与其事后遮掩，何不慎之于开始呢？所以君子必须坦诚自己的意念。

（二）日日新　居其仁

《大学》修身工夫又强调"日新其德"：

汤之《盘铭》曰："苟日新，日日新，又日新。"《康诰》曰："作新民。"《诗》曰："周虽旧邦，其命惟新。"是故君子无所不用其极。

商汤在盥洗盆上刻有铭文警告自己："苟日新。"意即如果每天能洗干净自己身上的污垢，那就应当天天清洗。此句以沐浴自新，比喻道德日进。"日日新，又日新"，谓精诚其意，修德无已。这里的意思是，如果有一天能够获得新的进步，就要每天都有新的进步，还要再继续天天有新的进步。《康诰》说：振作精神，使商朝遗民改过自新，成为新民。《诗经·大雅·文王》说："周虽是一个古老的邦国，但文王能够秉承上天之所命，革新进取。"所以君子用尽全力，不断奋斗。这一章讲道德的力量，以古人自新用力之勤，勉励我们进德修业，从近处小处下手，切忌好高骛远。《大学》强调道德的内在性、自主性与感召力。

《大学》接着引用《诗经》说，国都所管辖的城区与郊区，广大千里，都是民众的归乡、居所。又说，小小的黄鸟选择山丘角落里的丛林为止归。孔子解释道，黄鸟尚且知道选择自己的栖息地，难道人反而不如鸟吗？作为人，一定要会选择。不仅要学会择业、择邻、择友，而且要学会选择自己的居处。我们应当选择居住在仁德中，以此为美。不选择仁德的境界，能算是智慧的人吗？人的归乡与居所，应当是仁、敬、孝、慈、信等至善的境界！《诗经》又说，德行深远的文王呀，真是持久光明地致敬于他所向往的境界呀！《大学》又讲：

> 为人君，止于仁；为人臣，止于敬；为人子，止于孝；为人父，止于慈；与国人交，止于信。

做人君的归止在仁，做人臣的归止在敬，做人子的归止在孝，

東郊按西郊姓惟

朱與陳扣逢皆玉

咸不擬喚素賓穀

賤惟貓喜糯收酒

六醇每圖幽雅意

真林愧周臣

癸巳季秋下澣

（明）周臣绘《毛诗图立轴》

图中远山连绵，树木苍翠，茅屋数间，数人聚集，谈天说地，有孔子所说的"里仁"之风。

做人父的归止在慈，与都城中的熟人或陌生人交往，归止在信。仁、敬、孝、慈、信是传统文化的核心价值理念。

四、修己安人　治平天下

（一）修身齐家　家国同体

　　所谓修身在正其心者，身有所忿懥，则不得其正；有所恐惧，则不得其正；有所好乐，则不得其正；有所忧患，则不得其正。心不在焉，视而不见，听而不闻，食而不知其味。此谓修身在正其心。(《大学》)

这里强调，修养自身的关键在端正自己的心灵。自己有所忿懥（fèn zhì），即忿恨发怒，心灵就不能平正。有所恐惧、好乐、忧患，心灵也不能平正。人如果心无偏私，发之于外，行为自然中节。所以修身者，必先端正其心。

　　所谓齐其家在修其身者，人之其所亲爱而辟焉，之其所贱恶而辟焉，之其所畏敬而辟焉，之其所哀矜而辟焉，之其所敖惰而辟焉。故好而知其恶，恶而知其美者，天下鲜矣。故谚有之曰："人莫知其子之恶，莫知其苗之硕。"此谓身不修不可以齐其家。(《大学》)

所谓处理好自己的家庭（或家族）关系，关键在修饬自己本身，就是说，由于一个人对自己所亲爱、贱恶、敬畏、怜悯、简慢的人，常怀有偏向或偏见，因此喜好一个人而又能知道他的缺点，憎恶一个人而又能知道他的优点，是天下少有的了。所以有句俗语说，人都不知道自己儿子的坏处，也就不知道自己种的禾苗的茂盛。这就是所谓自身不修饬，就不可以整齐、团结自己的家族。以上解释"修身齐家"，以下解释由己而人，由近而远，由一家而一国、而天下。

所谓治国必先齐其家者，其家不可教而能教人者，无之。故君子不出家而成教于国。孝者，所以事君也，弟者，所以事长也，慈者，所以使众也。《康诰》曰："如保赤子。"心诚求之，虽不中不远矣。未有学养子而后嫁者也！(《大学》)

　　所谓治理一国先要整齐自己的家庭、家族，就是说自己的家庭、家族尚不能教育，而能教育其他人的，是没有的事。所以君子不需走出家门，就能把一国都教育好。因为孝就是用来服事君王的，悌（弟）就是用来服事尊长的，慈就是用来使用民众的。《康诰》说："要像爱护婴孩一样。"诚心去求它，虽不能完全做到，一定也相去不远了。世界上没有哪个女人是先学会了养育孩子然后才出嫁的啊！

　　一家仁，一国兴仁；一家让，一国兴让；一人贪戾，一国作乱；其机如此。此谓一言偾事，一人定国。尧、舜率天下以仁，而民从之；桀、纣率天下以暴，而民从之；其所令反其所好，而民不从。（《大学》）

　　一家都仁爱，一国就会兴起仁爱来；一家都谦让，一国就会兴起谦让来；君主一人贪利妄动，一国就会作起乱来。事物相互联系，其奥妙就像这样。这就是所谓一句话可以败坏事情，一个人也可以把国家安定下来。尧、舜用仁爱来引领天下，民众就跟从他实行仁爱。桀、纣用暴乱去引领天下，民众就跟从他从事暴乱。君主的命令与民众的喜好相违反，民众就不会服从。

是故君子有诸己而后求诸人，无诸己而后非诸人。所藏乎身不恕，而能喻诸人者，未之有也。故治国在齐其家。《诗》云："桃之夭夭，其叶蓁蓁；之子于归，宜其家人。"宜其家人，而后可以教国人。《诗》云："宜兄宜弟。"宜兄宜弟，而后可以教国人。《诗》云："其仪不忒，正是四国。"其为父子兄弟足法，而后民法之也。此谓治国在齐其家。

所以，君子必须自己本身具有德行才可以要求别人，必须自己本身没有过失才可以责备别人。本身不符合恕道而能使别人谅解的，那是绝对没有的事。恕就是推己及人，将心比心。所以说，治国的关键在处理好自己家庭、家族的关系。《诗经》上说："好美艳的桃花，好茂盛的叶子，这个女子嫁出去，是会和一家人相处得很好的。"和一家人相处得很好，然后才可以教育一国的人。《诗经》上又说："和兄弟们都相处得很好。"和兄弟们都相处得很好，然后才可以教育一国的人。又说："言行举止上没有错误，就可以端正四方的国家。"正因为他在做父、子、兄、弟时，一切行为都足以做别人的楷模，然后民众才会去效法他。这就是说要治理好国家，必须先整饬好自己的家。

（二）絜矩之道　将心比心

所谓平天下在治其国者：上老老而民兴孝，上长长而民兴弟，上恤孤而民不倍，是以君子有絜矩之道也。所恶于上，毋以使下；所恶于下，毋以事上；所恶于前，毋以先后；所恶于后，毋以从前；所恶于右，毋以交于左；所恶于左，毋以交于右：此之谓絜矩之道。(《大学》)

倍，通"背"。絜（xié），测量、衡量、计度。矩，画直角或方形用的尺子，引申为法度、规则。絜矩之道就是用同样的尺度衡量自己、衡量别人的方法。这一段是说，所谓平定天下，关键在治理好自己的国家，亦即在上位的人尊敬老人，民众就会兴起孝道来；在上位的人尊重长者，民众就会兴起悌（弟）道来；在上位的人照顾孤儿，民众就不会背弃孤弱。所以君子有一种测量计度处处都方正的方法。自己厌恶上面的某种作风，就不要以此来对待下面；反之亦然。自己厌恶前面的某种作风，就不要以此来对待后面；反之亦然。左右也是如此。这就是测量计度处处都方正的方法，也就是恕道，也即将心比心。

（南宋）马和之绘《诗经·小雅·节南山之什图》局部

《诗》云："乐只君子，民之父母。"民之所好好之，民之所恶恶之，此之谓民之父母。《诗》云："节彼南山，维石岩岩。赫赫师尹，民具尔瞻。"有国者不可以不慎，辟则为天下僇矣。《诗》云："殷之未丧师，克配上帝；仪监于殷，峻命不易。"道得众则得国，失众则失国。（《大学》）

《诗经》上说："有德行的君子很欢乐，就像是民众的父母。"民众所喜好的，他也爱好；民众所憎恶的，他也憎恶。这就叫作民众的父母。《诗经》上说："高大的南山呀，岩石嶙峋而高峻。周幽王的太师尹氏权位显赫，民众都看着你。"主持国家事务的人不可以不谨慎从事，如果好恶都出于一己之私，违反民意，做出邪辟的事，就要被天下人所诛戮。《诗经》又说："殷代在还未失去民众的时候，国君还有资格配得上祭祀天帝而为天下之主，然而一旦失去民心，就亡了国。拥有国家的人应当以殷亡为鉴戒，获得上天的大命是不容易长久保得住的啊！"这是说，得到群众的拥戴，就会拥有国家；失去群众的拥护，就会丧失国家。

（三）修己治人　二重主体

上文我们讲到，对儒家而言，内圣、外王本是一体的。统治者自身的德行修养与公共性的政治活动是一体两面的，也可以说政治活动正是道德实践的一部分。在《大学》中，如朱子所说，修身以下是明德之事，这属于修己的范畴；齐家以上是新民之事，这属于治人的范畴。

一般我们说儒家主张德治主义，这与法家的严刑峻法、刻薄寡恩形成鲜明的对比。孔子为儒家的德治主义奠定了基础，他明确地提出了"为政以德"（《论语·为政》）的主张。子张向孔子问仁。孔子说："能够践行恭、宽、信、敏、惠这五种品德，便是仁了。"(《论语·阳货》) 恭、宽、信、敏、惠虽然是就统治者自身的德性而言的，但又直接关涉到被统治者，因此也必然属于公共性的政治领域。也就是说，这五种品德不仅仅是私德，显然还突破了私人利益的局限，进入了他人利益、公共利益的领域，从而具有公共性的意涵。因此，孔子注重统治者自身行为的巨大作用与影响力，他主张"政者，正也"(《论语·颜渊》)，又说："其身正，不令而行；其身不正，虽令不从"(《论语·子路》)、"苟正其身矣，于从政乎何有？不能正其身，如正人何？"(《论语·子路》)，强调统治者自身品行的端正。在孔子看来，公权力的行使并不仅仅意味着政令与刑法，更为重要的是"道之以德，齐之以礼"，只有这样，民众才会"有耻且格"。(《论语·为政》) 孔子的论述涉及了政治的正当性问题，他认为只有用道德加以引导，用制度品节来训练、调教民众，他们才会心悦诚服地归服，其统治才有正当性可言；反之，即使用强制的政令、刑罚取得了暂时的统治，这种统治不仅实际上不会长久，而且理论上也不具有正当性。

进一步说，德治分为修己和治人两个方面，两者是有区别的。修己主要是对管理者的要求，不能用于治人。对管理层的君子而言，必须做到正己爱人，修身为本，推己及人，博施于民而能济众，泛爱众。然而对普通老百姓而言，则要体谅、宽容。称王、治世的君子，不仅首先要修德端正自身，成为万民的道德楷模，而且要实现德政、设立学校，用礼乐文明、儒家经典教化老百姓，使得人人懂得羞耻，且自觉生命的意义与价值。以下我们简单谈谈修己与治人的异同及其现代意义。

徐复观先生说："修己治人，在儒家被看作一件事情的两面，即是所谓一件事情的'终始''本末'。因之儒家治人必本之修己，而修己亦必归结为治人。内圣与外王，是一事的表里。所以儒家思想，从某一角度看，主要的是伦理思想；而从另一角度看，则亦是政治思想。伦理与政治不分，正是儒家思想的特色。"（《儒家政治思想的构造及其转进》）儒家主张仁义内在，信赖人性，鼓励人人自觉向上，无须外在权威规制其精神世界。这种价值内在论，本应归结于民主政治。可是传统儒家总是站在统治者的立场来为被统治者想办法，而非站在被统治者的立场来谋求政治问题的解决，人民的政治主体性始终未得到确立。借用现代政治哲学的术语，传统儒家只注意到了政治证成性（统治者对被统治者施以德治），而未注意到政治正当性（被统治者对统治者予以认可）。

按照儒家的理想，民心向背是政权转移和政策取舍的最后标准，"民"应该是政治的主体。可是，"在中国过去，政治中存有一个基本的矛盾问题。政治的理念，民才是主体；而政治的现实，则君又是主体。这二重的主体性，便是无可调和的对立"（徐复观《中国的治道——读陆宣公传集书后》）。在思想理论层面，民本主义是儒家的诉求，民众才是权力的根源；在实际政治中，专制政治却是历史事实，权力的根源实源自君而非民。因此，儒家在政治上的努力，便集中体现于对人君政治主体性的消解、对君主专制的限制，把作为权原的人君加以合理的安顿，以凸显、保障民的主体性。因此，徐复观先生指出："格君心之非"是政治中的第一大节目，"恭己无为"是中国治道的第一义。

儒家的这种努力是要从道德上去消解君民二重主体性的矛盾，而不是从外在客观制度的建构上去考虑。与法家相比，儒家的政治方法在政治舞台上并不灵验，可以说他们在实际政治中是失败的。对人君政治主体性的消解，"即是要人君从道德上转化自己"（徐复观《中国的治道——读陆宣公传集书后》）。虽然修己治人在儒家被看作一件事情的两面——修己是治人的根本，治人是修己的归宿；但是二者却分别被安设在两个不同群体身上。徐先生说："修己的、学术上的标准，总是将自然生命不断向德性上提，决不在自然生命上立足，决不在自然生命的要求上安设人生价值。治人的、政治上的标准，当然还是承认德性的标准，但这只是居于第二的地位，而必以人民的自然生命的要求居于第一的地位。治人的、政治上的价值，首先是安设在人民的自然生命的要求之上，其他价值，必附丽于此一价值而始有其价值。孔子在修己上主张'居无求安，食无求饱'，甚至要求'杀身成仁'。但在政治方面，则只是'节用而爱民'，'因民之利而利之'，以至'老者安之，少者怀之'。孟子对士的主张是'尚志'，是'仁义而已矣'，但在政治方面则认为'救死而恐不赡，奚暇治礼义哉'，可见他认为'救死'比礼义重要。"（徐复观《释〈论语〉"民无信不立"》）若以修己的标准去治人，认为民宁可饿死而不可失信，这种论调势必将演变成思想杀人的悲剧；若以治人的标准来律己，误认为儒家精神只是停顿在自然生命之上，这就将儒家修己以"立人极"的工夫完全抹杀掉了。

五、德本财末　以义为利

中国传统的财富观可追溯到《尚书·大禹谟》中的"六府三事"说。《大禹谟》被认为是伪古文，但其内容并非全伪。"六府三事"思想同样可见于《左传·文公七年》。水、火、金、木、土、谷合称"六府"，这六种事物是货物财富的来源，是民众所赖以生存的根本，也是政教的基础。正德、利用、厚生则是善政的内涵，合称"三事"。只有将此"六府三事"全部处理顺当，才能获得老百姓的歌颂赞扬。

孔子继承和发扬了这一思想，他有庶、富、教之说。据《论语·子路》，有一次孔子去卫国，弟子冉有为他驾车。在路上，孔子感慨说："这里的人口众多呀！"冉有听到后就问老师："既然人口已经这么多了，那么统治者接下来应该做什么呢？"孔子回答："要让他们富裕起来。"冉有又问："那么当人民都富裕起来之后，统治者又该做什么呢？"孔子接着回答："应当去教育他们。"与对统治者的要求不同，孔子认为对于老百姓来说，日用富足、生活安定才是最为重要的，只有当人民衣食充足、安乐无忧之后，才能去对他们施以教育。之后，孟子又有"正经界""薄税敛""制民之产""养民""教民"等主张。

（一）财散民聚　推举贤人

《大学》强调治理国政的君子一定要十分谨慎，不能为一己之私做出危害民众利益的事情，这样会失去民心。面对德与财、公与私、义与利之间的冲突，君子应坚守做人的底线，把本末、轻重分得清清楚楚。

是故君子先慎乎德。有德此有人，有人此有土，有土此有财，有财此有用。德者本也，财者末也。外本内末，争民施夺。是故财聚则民散，财散则民聚。是故言悖而出者，亦悖而入；货悖而入者，亦悖而出。（《大学》）

就是说，君子首先要在德行上谨慎。有了德行才能得到民众，有了民众才会有土地，有了土地才能有货财，有了货财才有国家的用度。道德是根本，货财是末节。轻视本而重视末，就会与民争利，巧取豪夺。所以，聚敛财富，民众就会离散；

施舍财富，民众就会凝聚。人君违背民意发号施令，民众也会违背君心，不肯服从。人君违背民心聚敛货财，民众也会违背君心，使人君虽有货财而不能长久保有。

《秦誓》曰："若有一个臣，断断兮无他技，其心休休焉，其如有容焉。人之有技，若己有之；人之彦圣，其心好之，不啻若自其口出。实能容之，以能保我子孙黎民，尚亦有利哉！人之有技，媢疾以恶之；人之彦圣，而违之俾不通。实不能容，以不能保我子孙黎民，亦曰殆哉！"唯仁人放流之，迸诸四夷，不与同中国。此谓唯仁人为能爱人，能恶人。（《大学》）

《秦誓》是《尚书·周书》中的一篇，记载秦穆公败于晋而悔过之辞。《秦誓》说："假如有一个臣子，为人诚恳专一而没有其他的技能，但他心胸宽大，像能包容很多东西。别人有技艺，如同自己有技艺；别人有美才智慧，他就由衷地爱慕，无异于从自己口中所说的那样。他能包容贤人，因此才能保护我的子孙与黎民百姓，这对国家是有利的。如果看见别人有技能，就忌妒、厌恶，看见别人有聪明才智就阻碍，不使别人成功，就不能包容贤人，也就不能保护我的子孙与黎民百姓，这

东汉熹平石经《尚书》残石

对国家是危险的。"只有仁德的国君，才能把嫉贤妒能的人加以流放，分散到四方的蛮荒之地，不让他们与贤德的人同住在国中。这就是所谓只有仁人才能爱护好人，才能厌恶坏人。

见贤而不能举，举而不能先，命（慢）也；见不善而不能退，退而不能远，过也。好人之所恶，恶人之所好，是谓拂人之性，菑（灾）必逮夫身。是故君子有大道，必忠信以得之，骄泰以失之。（《大学》）

这里说的是，见到贤人而不能荐举，已拔举贤才而不能让他先于自己被重用，就是怠慢职务。见到坏人而不能黜退，或者已黜退坏人而不能把他放逐到远方，那就是错误、过失。如果你喜爱民众所厌恶的坏人，厌恶民众所喜爱的好人，那就叫违反人的本性，灾祸必然会落到你的身上。所以君子有做人的大原则，必定由于忠诚信实而获得它，由于骄傲奢侈而丧失它。

（二）生财有道　义利双行

生财有大道。生之者众，食之者寡，为之者疾，用之者舒，则财恒足矣。仁者以财发身，不仁者以身发财。未有上好

仁而下不好义者也，未有好义其事不终者也，未有府库财非其
财者也。孟献子曰："畜马乘不察于鸡豚；伐冰之家不畜牛羊；
百乘之家不畜聚敛之臣。与其有聚敛之臣，宁有盗臣。"此谓
国不以利为利，以义为利也。长国家而务财用者，必自小人
矣。彼为善之，小人之使为国家，菑（灾）害并至；虽有善者，
亦无如之何矣！此谓国不以利为利，以义为利也。（《大学》）

生产货财有一个大的原则：生产的人多，食用的人少，制
造得快，使用得慢，那么货财就会经常充足了。仁爱的人用财
富发扬自身的德行与事业，不仁的人不惜丧身以求发财。从没
有在上位的人好仁德而在下位的人不好义德的，从没有好义
德而事业会不成功的，也从未听说国库里的货财不是国君所有
的。春秋时鲁国的贤大夫孟献子说："家里有四匹马一辆车的
官员，就不应养鸡与猪以牟利了。有资格在祭祀时使用冰块的
贵族家，就不应畜养牛羊了。拥有一百辆兵车的贵族，就不应
该豢养聚敛财富的家臣。与其有搜刮钱财的家臣，不如有盗
窃钱财的家臣。"这就是说，国家不应把财货看成利，而要把
道义看成利。官员掌管国家而致力于与民争利和敛财，一定是
在小人的诱惑下开始的。国君本想管好国政，却使用小人去治

理，一定会招来各种灾难与祸患。纵使有贤能的人，到那时也没有办法了。这也就是说，国家不要把财货看成利，而应把道义看成利。以上讲的是治国平天下的根本，是掌管、治理国家的官员的道德修养。如果掌管、治理国家的人一味追逐私利，贪污腐化，上行下效，那一定会给国家带来无穷的灾难。

《大学》被宋儒推为儒学系统的纲领性作品。综上所述，它着重讲述的就是"三纲领""八条目"的思想，阐述提高个人道德品质修养与治国平天下的关系，体现了儒家内圣外王的基本思想内涵和思维框架。"三纲领"中，"明明德"是不断彰明自己内在的德性，"亲民"（新民）是接近民众、爱护民众、教化民众，使之除旧布新，成为新人。其总目的是要建构良好的政治与文化环境，由内推到外，由个人推到天下，最终达到"至善"的境界。"八条目"内容丰富，以"修身"为关键。在修身的工夫中，诚意、正心、慎独都是本篇特别强调的。修身、齐家、治国、平天下是道德自我不断体验、推广的过程，其中包括执政者自身日新其德，廉洁奉公，以忠恕之道律己度人，推举贤人，坚持德本财末，以义制利。

第二章

《论语》导读

　　一部《论语》，处处展现着孔子及其弟子们的圣者、贤者的精神品格，体现出孔子的巨大人格力量。南宋以后，以四书为代表的儒学思想影响到东亚，成为整个东亚共有的精神文明。自明末传教士来华之后，中学西传，四书五经、孔子的仁爱思想、和平主义、文治理念与中国文官制度，在西方启蒙时代前后对西方思想界有较大的影响。今天，"己欲立而立人，己欲达而达人""己所不欲，勿施于人"等理念作为全球伦理的黄金律，在世界上的影响越来越大。孔子不仅属于中国，也属于世界，孔子思想的现代意义与价值逐渐为世人所重视。

　　孔子的思想和人格，千百年来，影响了中国人的心灵和品行，深入国人的人伦物用之中，滋养了一代又一代传统知识分子的心灵。宋人说："天不生仲尼，万古如长夜。"（《朱子语类》卷九十三）。颜回感叹说，孔子"仰之弥高，钻之弥坚。瞻之在前，忽焉在后"。子贡说孔子堪比"日月"。孟子说："孔子，圣之时者也。孔子之谓集大成。"（《孟子·万章下》）司马迁引《诗经》"高山仰止，景行行止"，来赞美孔子，说他自己"虽不能至，然心乡往之。余读孔氏书，想见其为人"。可见孔子的巨大影响。

一、儒家、孔子及其弟子

（一）说"儒"

孔子是儒家学派的创始人。在讲孔子之前，先讲讲什么是"儒"。

从春秋末期到清代，儒学不断在发展和扩大之中。汉代以后的儒学，不仅仅局限于心性之学或考据之学的范围，而是在社会政治事务、教育师道、经史博古、文章子集的各方面，沿着先秦儒的博大范围扩展，渗透到全社会，适应并指引人们的生活。儒学落实在政治制度、社会风尚、教育宗旨以及个人修养之中，是两千五百多年来中国人生活方式、行为方式、思维方式、情感方式和价值取向的结晶，是朝野多数人的信念、信仰或所谓安身立命之道，乃至百姓日用而不自知。因此，儒学的地位不是某人、某派的主观意向或情感所能确定的。

儒学之所以成为中国社会与民间文化的主流，是由儒学的基本精神、广博范围、历史发展客观地确立的，而不是什么人的一厢情愿。某些儒家文化的攻之者与辩之者，都把儒学简单化了，把儒学的范围缩小了，把中国社会与中国历史的发展抽象化了。

实际上，传统中国社会就是儒家型的社会，传统中国文化的底色和主流是儒家式的，传统中国人的主要性格也是儒家式的；反过来说，儒家或儒学在中国所起的作用或功能，类似于基督教之于西方、印度教之于印度、伊斯兰教之于阿拉伯世界，都是族群文化自我认同的根基、伦理共识的核心。

儒学，今人亦称儒家或儒教。从学派、团体出发，称为"家"；从学问、学术出发，称为"学"；从信念、信仰出发，称为"教"。实际上，三者为一回事。三个称谓可以互用。

从字源上说，"儒"字有两个义项，一为"柔"，一为"术士之称"。

"柔"的意思并不是柔弱迂缓，而是"安"义、"和"义，即能安人、能服人，天地人相和谐。《礼记·儒行》郑玄注云："儒之言，优也，和也，言能安人、能服人也。"孔颖达疏云："又儒者濡也，以先王之道能濡其身。"这是指儒家学问与儒家中人都主张谦虚和睦、宽以待人，不恃强力、以德服人，使人心悦诚服。

《汉书·司马相如传》注曰："凡有道术皆为儒。""术士"或"有道术者"，是"儒"的原义。大约汉代以前的人称"术士"为"儒"。汉代扬雄说："通天、地、人曰儒。"这是指大儒、通儒。《后汉书·杜林传》说杜林"博洽多闻，时称通儒"。《风俗通》曰："儒者，区也。言其区别古今，居则玩圣哲之词，动则行典籍之道，稽先王之制，立当时之事，纲纪国体，原本要化，此通儒也。若能纳而不能出，能言而不能行，讲诵而已，无能往来，此俗儒也。"或者我们可以说，广义的"儒"泛指有学问道术者。如道家的庄子也被人称为"儒"（《史记·孟荀列传》），又如有"君子儒"和"小人儒"之称（《论语·雍也》）。

"儒"的后起义，或者说狭义的"儒"，作为专用名词的"儒"，则指儒家。一般说来，"儒"乃通习六艺之士的通称。"六艺"指礼、乐、射、御、书、数。礼和乐是西周的等级秩序与生活方式，主要是社会生活规范，包含今天所谓宗教、政治、伦理、艺术、体育等内容。射、御相当于礼的节目。书、数则属于初级的技能。贵族大体上都必须通晓六艺。平民如果想到贵族家庭中去服务，也必须通习六艺或其中的一部分。早期的儒者属于"士"这个阶层。"士"原来多由贵族的庶孽子弟或比较低级的贵族子弟充任，后来渐渐落到平民社会里去。孔子就是将古代的贵族之学传播到平民社会的第一人。

"儒"大体上是保存、传授古代礼仪规范和典籍文化的教师。《周礼·太宰》说："四曰儒，以道得民。"郑玄注曰："儒，诸侯保氏，有六艺以教民者。""保氏"指古代职掌教育贵族子弟的官员。《周礼·地官》说："保氏掌谏王恶，而养国子以道，乃教之六艺。"保氏与师氏同，都是负责教育的官员，亦是教师。师儒即师保，保即以道安人者。《周礼·大司徒》说："四曰联师儒。"郑玄注曰："师儒，乡里教以道艺者。"可见儒者原来是在上层社会掌教，后来是在民间设教授徒，有学识道术与技艺的人。其教育的主要内容为六艺之学。也就是说，儒与商周王朝中主管礼乐教化的官员有一定的关系，但后来文化下移，到民间去了或者说民间化了。

"六艺"，又指六经，即《诗》《书》《易》《礼》《乐》《春秋》。《庄子·天下》论及儒家曰："以仁为恩，以义为理，以礼为行，以乐为和，薰然慈仁，谓之君子。"又曰："其在于《诗》《书》《礼》《乐》者，邹鲁之士、搢绅先生多能明之。《诗》以道志，《书》以道事，《礼》以道行，《乐》以道和，《易》以道阴阳，《春秋》以道名分。"这里，邹作陬，或作郰，指孔子的家乡陬邑。邹鲁之士指孔子与孔门弟子，尚未包括孟子。如指孔孟，则应曰"鲁邹"（蒋伯潜《诸子通考》）。搢绅，亦作缙绅、荐绅，指过去的士大夫。搢，插；绅，束腰的大带。搢绅即插笏于绅。笏是记事记言的板子。古代做官的人，垂绅插笏，所以称士大夫为搢绅。

《庄子·天下》中这段话的意思是：儒家君子按"仁爱"的原则施予民众、他人以恩惠，以相适宜的措施建立人事秩序，以礼仪规范约束行为，以音乐美感调和性情，总是表现出温润慈祥的状貌。邹鲁之地的士大夫多能通晓六经。《诗经》是抒发心志的,《书经》是讲述政事的,《礼经》是告诫行为规范的,《乐经》是陶冶性情的,《易经》是分析阴阳变化的,《春秋经》是指示尊卑名分的。儒家与六经有着不解之缘。

从《汉书·艺文志·诸子略》可知,刘歆《七略》对儒家的界定是:"儒家者流,盖出于司徒之官,助人君顺阴阳明教化者也。游文于六经之中,留意于仁义之际。祖述尧舜,宪章文武,宗师仲尼,以重其言。于道最为高。孔子曰:'如有所誉,其有所试。'唐虞之隆,殷周之盛,仲尼之业,已试之效者也。"刘歆视诸子某家起源于某官,如儒家起源于司徒之官。据《周礼·地官》,司徒是主管教化的官。

孔子以前,官师不分,政府某部门的官吏,即是与此部门有关的一门学术的传授者。周王室衰微之后,政府各部门官吏失去了职位,流落民间,成为私学之师。从刘歆《七略》和《汉书·艺文志》可知,儒家以六经为思想资源,以"仁义"为思想主旨,继承尧、舜、禹、汤、文、武、周公治国平天下的大本大源,以孔子为宗师。古代儒家圣贤,不仅坐而言,而且起而行,或者以事功垂诸百世,或者以言教传诸千里。立德、立功、立言，是谓三不朽。《汉书·艺文志》谈到儒家之外的八家，介绍了"此其所长也"之后，接着是批评或贬抑，唯独对于儒家最为推崇，许之以"于道最为高"。这多少代表了汉代人以儒学居诸子之上的思想。

《淮南子·要略》曰："孔子修成康之道，述周公之训，以教七十子，使服其衣冠，修其篇籍，故儒者之学生焉。"《淮南子·俶真训》高诱注曰："儒，孔子道也。"《淮南子·要略》重在肯定儒家对周代人文建制、人文精神的继承和发挥。

儒家的正式形成当在春秋末期的孔子时代。儒者是继承上古时期的文化遗产与周公孔子之道、讲述六艺之学的学者和教师，活跃于民间社会，他们是社会良知的代表，以其社会理想、道德价值、人文精神，鞭笞、批判现实的污浊黑暗，关心老百姓的生计、疾苦，以礼乐文明的精神滋养社会道德，净化人们的心灵。战国时，各国当政者都不接受儒学，视其为迂阔之学，各学派也对儒学持批判态度。儒学正是在这种情况下渗透全社会的。

（二）孔子

我们再讲孔子及其弟子。

孔子（前551—前479）姓孔名丘，字仲尼，鲁国陬邑（今山东曲阜东南）人。据钱穆考证，孔子的先世是商代的王室，周灭商而封微子启于宋，四传至宋愍公，愍公长子弗父何让君于弟，弗父何曾孙正考父和其子孔父嘉皆宋贤上卿。孔父嘉为孔子六代祖，从此称孔氏。孔父嘉曾孙孔防叔奔鲁而失卿位，为士大夫，至孔子父叔梁纥为鲁郰邑大夫，已经是最低等级的士大夫。（钱穆《孔子传》）

孔子三岁丧父，由母亲颜徵在带回娘家所在地阙里生活，母亲又在他十五岁时去世。孔子从小知礼好学，学无常师，努力学习夏商周三代文化，特别是周代的礼乐。"孔子为儿嬉戏，常陈俎豆，设礼容"（《史记·孔子世家》），"十有五而志于学"（《论语·为政》），成长为当时最有学问的学者。成人后曾当过管仓库的"委吏"和管牛羊的"乘田"等小官，"吾少也贱，故多能鄙事"（《论语·子罕》），颇有实际才能。

当时的鲁国有三桓，孟孙氏、叔孙氏和季孙氏，瓜分公

（唐）吴道子绘《先师孔子行教像》拓片

室，专权行事，僭越礼制。《八佾》，三家者以《雍》彻。子曰："'相维辟公，天子穆穆'，奚取于三家之堂？"此"三家"也就是"三桓"。就季氏言，孔子在世之时，先后有季平子、季桓子、季康子。孔子21岁时，为季氏（季平子时）委吏，负责管理统计；22岁时，为季氏（季平子时）乘田，使牧养的牲畜繁殖增多。后来，季氏（季桓子时）僭越礼法凌驾于公室之上，大夫执掌国政，因此鲁国从大夫以下全都僭越礼法，背离正道。

孔子批评季氏，说他"八佾舞于庭，是可忍，孰不可忍也！"（《论语·八佾》）孔子的意思是，用六十四人在自己的庭院中奏乐舞蹈，这样的事他都忍心去做，还有什么事情不可狠心做出来呢？古代舞蹈奏乐，八个人为一行，这一行叫一佾。八佾就是八行，八八六十四人。按当时的礼制，天子八佾，诸侯六佾，大夫四佾。季氏是鲁大夫，只能用四佾，却故意僭越礼制，偏要用八佾，孔子对此表现出了极大的愤慨。

又据《论语·八佾》：

季氏旅于泰山，子谓冉有曰："女弗能救与？"对曰："不能。"子曰："呜呼！曾谓泰山不如林放乎？"

季氏去祭祀泰山。孔子对冉有说："你难道不能劝阻他吗？"冉有说："不能。"孔子说："唉！难道说泰山神还不如林放知礼吗？"在当时，只有天子和诸侯才有资格祭祀泰山，季孙氏只是鲁国的大夫，竟然也去祭祀泰山，所以孔子认为这也是"僭礼"行径。

季氏的这些行为，是典型的破坏周礼、犯上作乱的行为。这以后，孔子辞去了官职，隐退下来，整理《诗》《书》《礼》《乐》。三十岁左右，他开始兴办私学，在社会上渐渐有了名声。五十岁时，他当上了鲁国的"中都宰"。中都是鲁国的公邑，邑宰的职位并不高。孔子在此任职一年，政绩颇佳，"四方皆则之"。第二年，孔子升任鲁国的"小司空"，是掌管土木的副官。后升任"大司寇"，这是负责国家司法、刑狱和治安的最高长官，爵位为大夫。孔子以司寇之职摄行相事，即代理鲁国最高行政事务。齐鲁夹谷之会，孔子以智谋使鲁国取得外交与军事胜利。不久因政局动荡、齐人离间，孔子不得已率弟子离开鲁国，奔走于卫、宋、陈、蔡、齐、楚等国，度过了十四年的流亡生涯。

孔子重返鲁国时，已是六十八岁的老人。他在生命的最后五年，专力从事讲学和整理古代文献典籍，删修六经。据《史记·孔子世家》所载，"孔子以诗书礼乐教，弟子盖三千焉，身通六艺者七十有二人"。孔子对《诗》《书》的内容加以取舍和编排，又对《礼》《乐》进行加工整理使之重新恢复。孔子晚年喜读《周易》，乃至"韦编三绝"，并亲自为《周易》作《传》，后人称之为《易传》或"十翼"。他又依据鲁国史官所记的《鲁春秋》改写成《春秋》，以褒贬是非善恶，绳墨天下，史称"春秋笔法"。

孔子的哲学思想阐发和历史地位评价，在清末民初出现了戏剧性的变化。孔子的哲学思想在清王朝结束之前一直是两千多年来中国传统文化的核心部分，即便在汉武帝独尊儒术之前，孔子的哲学思想和文化贡献也发挥着重要的作用。

孔子的历史地位则随着以其思想为核心的儒学，为国家、社会普遍接受和运用而逐渐提升，成为中国文化精神的代表人物和象征符号。然而进入民国之后，儒学不再作为国

孔子年四十三暮昭公卒定
公立季氏僭於公室陪臣執
國命故孔子不仕退而修詩
書定禮樂弟子彌衆

贊曰

通辟志阻　歸暮北荒
道不可行　懷琶以藏
乃修詩書　正樂定禮
沽哉沽哉　待價而起

明人绘《孔子圣迹图·退修诗书》

家指导思想，儒学教育剥离出国家教育体制，加上全盘西化的时风把近代中国落后归因于传统，作为传统文化精神象征的孔子及其思想受到不公正的对待。从新文化运动"打倒孔家店"，到文革"破四旧"，既是一段中国传统文化蒙难史，也是孔子思想和地位急剧跌落到作为落后腐朽的代名词，被加以无情批评的历史最低谷的过程。直到改革开放以来文化领域的拨乱反正，孔子随着儒学研究的新开展才逐渐恢复其本来面目。

（三）孔门弟子

据《史记·孔子世家》记载，孔子的学生有三千人，其中成绩优异者有七十二人。《史记·仲尼弟子列传》又说，真正得到孔子传授，不但在籍，而且登堂入室的，有七十七人。（孔子曰："受业身通者七十有七人。"）当然，具体的人数可能是附会五行时令的吉祥数字。

（唐）阎立本绘《孔子弟子像》局部

采取平列式构图，绘孔子弟子立像五十九人，无名款。所绘人物神貌逼真。

孔子思想广博，从游于他的弟子也各具特长。《论语·先进》有孔门四科十哲的说法。在攻读和传授儒家经典方面也是如此，如子夏攻《诗经》、传《春秋》，商瞿攻、传《易经》，曾子的孝行对《孝经》有影响等，都对儒家经典的传播发挥过重要作用。"孔门风范"，历来为人们所称道。《论语》中所记孔子循循善诱的教诲之言，或简单应答，点到即止，或启发论辩，侃侃而谈，富于变化，娓娓动人。

不过，要研究孔子，只靠《论语》《左传》《史记》是不够的，《孔子家语》、大小戴《礼记》，以及汉代人编撰的一些书、出土简帛文献中保留的不少七十子后学传述孔子思想的资料，也应予以充分关注。

关于七十子，李零先生在《读书》2002年第4期发表了《重见"七十子"》一文。过去李启谦先生著有《孔门弟子研究》，有孔子、孔子弟子资料汇编等。《论语》《史记》（其中的《史记·孔子世家》《史记·仲尼弟子列传》等篇）仍然是基本材料。李学勤先生《简帛佚籍与学术史》等几部近著都说到七十子的问题。李耀仙先生《先秦儒学新论》也说到这些问题。

《论语·先进》说道：

从我于陈蔡者，皆不及门也。德行：颜渊、闵子骞、冉伯牛、仲弓；言语：宰我、子贡；政事：冉有、季路；文学：子游、子夏。

这里讲的是"四科十哲"。四科：德行、言语、政事、文学。其中，文学指文献典籍。十哲：颜回（子渊）、闵损、冉耕、

冉雍；宰予（子我）、端木赐；冉求（子有）、仲由（子路）；言偃、卜商。

为什么没有提到有子、曾子、子张三位重要的弟子呢？这是因为他们当时年轻，未赶上孔子困厄于陈蔡之际。子游、子夏虽列在内，但从年龄上看，也不可能在周游列国之前进入孔门。

颜渊、冉伯牛、宰予、子路等，先孔子而死，闵子骞不求闻达，不可能创立学派。关于颜渊、子夏、曾子、子思等，可参阅拙著《诸子学志》（郭齐勇、吴根友《诸子学通论》第二章）。

孔门早期弟子，年龄一般比孔子小三十岁以内，子贡是例外，小三十一岁。这一批弟子中最有可能创立学派的有仲弓（小孔子二十九岁）、商瞿、漆雕开三人；孔门晚期弟子，一般小孔子四十岁以上，有曾子、有子、子夏、子游、子张等人。除有子外，其他四个都是孔子有名的弟子。"子夏、子张、子游以有若似圣人，欲以所事孔子事之，强曾子。"（《孟子·滕文公上》）遭到曾子强烈反对，拥立有子的事没有成功。但《论语》只对有若、曾参称子，可见有子的影响很大，门生也多。孟子之徒公孙丑说："昔者窃闻之：子夏、子游、子张，皆有圣人之一体；冉牛、闵子、颜渊，则具体而微。"（《孟子·公孙丑上》）这是指子夏、子游、子张各有孔子的一部分长处，而冉牛、闵子、颜渊则具有圣人之全体德行的苗头。

二十一世纪初上海博物馆公布的购藏之楚简，有很多《史记·孔子世家》《史记·仲尼弟子列传》中的人物，如颜回、仲弓、子路、子贡、子游、子夏、曾子、子羔、子思等人，有的甚至就是以他们的名字题篇。

仲弓，这个名称与季路相似，仲、季是排行。子路姓仲名由，字路行季，故称季路，后人尊为子路。仲弓，姓冉名雍，字弓行仲，故称为仲弓，后人尊为子弓。仲弓长于西周礼制，"雍也可使南面"。孔子主张"为国以礼"。仲弓问仁，子曰："出门如见大宾，使民如承大祭。"孔子引春秋时人论礼的话为喻。荀子之学是礼学，所以荀子把孔子与子弓连举并尊。

有学者质疑荀子所尊的子弓是不是馯臂子弓（《史记·仲尼弟子列传》中作子弘）。馯臂子弓是商瞿的弟子，《汉书·儒林传》把他记为孔子的再传弟子、易学传人。荀子尚礼，于六艺主张"隆礼义而杀诗书"（《荀子·儒效》），更主"学至乎礼而止矣"（《荀子·劝学》），荀子这里指的可能就是德行科的、能继承孔子之道传于后世的子弓（李耀仙主此说）。但很多学者认为作为荀子之师的子弓不可能是冉雍或子张，《荀子》的易学来自传《易》的馯臂子弓。《荀子》之《非相》引《易经》，《大略》引《易传》，《天论》本于《系辞》加以发挥。馯臂子弓是楚人。关于子弓（冉雍）的材料，还需要再发掘。

商瞿，字子木，鲁人，少孔子二十九岁。《史记·仲尼弟子列传》说："孔子传《易》于瞿，瞿传楚人馯臂子弘。"孔子五十岁左右学《易》，并把《易》所言"性与天道"传授给门人。商瞿是孔门"可与言《易》"的门人，为早期弟子，可能属文学科。他传易学，代有传人，至汉不绝。《易传》可能由商瞿氏之儒一派传承。他未随孔子出游，孔子早期弟子都未随。

漆雕开，即漆雕启，名凭，字子修，鲁人或蔡人，少孔子二十一岁（一说十一岁）。《论语·公冶长》记了一句："子使漆雕开仕，对曰'吾斯之未能信'，子说。"《韩非子·显学》提及的儒家八派中有漆雕氏之儒。他重儒行，强调"强"的一面，但不会是《显学》所说的如北宫黝那样的武夫。他有著作传世，《汉书·艺文志》列有"《漆雕子》十三篇"。

曾子是孔门晚期弟子中的翘楚，在孔门最早的分化中，不以有若似圣人。他有省察工夫，应属于德行一类。曾氏之儒应是儒家很大一个派别。曾子下开数个向度与学脉，他继承孔子的孝道思想，我们在定州市八角廊竹简《儒家者言》看到类似《孝经》中的话，如"肤受诸父母曾子""何谓身体发肤弗敢毁伤曰乐正子""毁伤父不子也，士不友也□□""尊荣无忧，子道如此可胃（谓）孝"等，这是讲孝道、《孝经》的一派。还有讲省察工夫和忠恕之道的《大学》一派，还有由曾子开出的子思—孟子学一派，还有乐正子。子思氏之儒、乐正氏之儒也都与他有关。

子夏也是晚期弟子，少孔子四十四岁，以文学见长。六经多为子夏所传。后儒以子夏为传经之儒，汉儒宗子夏；以曾子为传道之儒，宋儒宗曾子。孔子曾勉励他："女为君子儒，无为小人儒。"又与夫子言诗，夫子许之曰："起予者商也，始可与言《诗》已矣。"《后汉书·徐防传》称："《诗》《书》《礼》《乐》，定自孔子；发明章句，始于子夏。"《史记索隐》称："子夏文学著于四科，序诗，传易，又孔子以《春秋》属商，又传《礼》，著在《礼志》。"在传道方面，与曾子分庭抗礼，的确是十分重要的人物。

孔子之学有多个面相，子夏之学也有多个面相。《史记·仲尼弟子列传》称，孔子死后，"子夏居西河教授，为魏文侯师"。《史记·儒林列传》称，"七十子之徒散游诸侯，大者为师傅卿相，小者友教士大夫"。有很多长于言语、政事和文学者真正得志，参与列国社会政治改革。其中，"子张居陈，澹台子羽居楚，子夏居西河，子贡终于齐"。

子夏对三晋地区的制度性建构、法术传统有影响，如传及荀子及其弟子韩非、李斯。战国晚期，流行刑名法术和阴阳五行，儒家与这类学者对话的，主要是制度派而不是道德派。子夏不在儒家八派之中，可见八派之说有问题。

言偃，字子游，晚期弟子，少孔子四十五（一说三十五）岁，以有若似圣人，提出拥立有子，参加孔门第一次分派的争论，后自立一派。他为武城宰，有弦歌之声（《论语·雍也》），通晓《曲礼》。《礼记·檀弓》上有他关于舞乐的记载："人喜则斯陶，陶斯咏，咏斯犹，犹斯舞，舞斯愠，愠斯戚，戚斯叹，叹斯辟，辟斯踊矣。"我们在郭店楚简《性自命出》中也读到类似的材料，文字有所不同。《礼运》是他的门人所记。据《礼记·礼运》，子游独闻夫子的大同思想。后有颜氏之儒，李零说也可能是言游学派。郭店楚简出来后，学界对子游的重视日增。

颛孙师，字子张，陈人（一说鲁人），少孔子四十八岁，是孔子晚年最年轻的弟子，尚仪表（同学有"堂堂乎张也"的评价），言行有些过头，"师也过，商也不及"（《论语·先进》）。他是气度恢宏之人，性情未免浮夸；子夏性情笃实，气度未免狭小。子张与曾子之母同时死，亦早逝（《礼记·檀弓》）。

荀子《非十二子》抨击子张、子夏、子游为三派之贱儒，但未抨击曾子。《论语》今本所记孔子弟子发表己意之言，曾子凡十三见，子夏凡十二见，子张凡二见，子游凡四见。此四人在同门中年龄最小，为后期弟子中的佼佼者。

前期弟子，颜子言仅一见，赞孔子；子贡言凡七见，赞孔子的有五，抒发己见的有二。

《韩非子·显学》列有颜氏之儒、子思氏之儒、孟氏之儒、孙氏之儒、仲良氏之儒、乐正氏之儒。颜氏之儒不可能为颜氏所创。有学者说"颜""言"无别，可能指言偃（子游）。子思的学行可以与曾子媲美，其体认仲尼之道与曾子略有出入，从曾氏之儒分出，自立门户。郭店楚简有《鲁穆公问子思》的专篇，可见其为人为学。《中庸》思想渊源主要出于曾子，其中性与天道等思想，与《易传·系辞》有关。

仲良氏之儒，是仲梁子的学派，他也可能是曾子的学生。一说是陈良，《滕文公上》说他是"楚产"，"北学于中国"之前就"悦周公仲尼之道"，可能受到澹台灭明的影响。澹台灭明居楚，据说有弟子三百人，陈良是其中的佼佼者。乐正氏为乐正子春，也是曾门俊彦，体道有殊，自成一派。据《礼记·檀弓》，曾子临终前，乐正子春坐在其床下，曾子的儿子曾元、曾申坐在曾子脚边。

宓不齐，字子贱，鲁人，曾为单父宰，《汉志》载有《宓子》。

孟子"受业子思之门人"，公开宣称是孔子的"私淑"弟子，基本上是受曾子、曾氏之儒的影响。孔子—曾子—子思—孟子一系是儒学重要的一个发展走向，但不是全部。这一派后来为宋儒表彰，近人称为"思孟"学派。

孙氏之儒当指荀子。荀子在赵时，初识儒学，后游学于齐，经过长时间探索，才从子弓的路子深入孔子堂奥。他对思孟学派提出挑战，与曾氏之儒主省察的工夫取径不同，对子夏、子游、子张之儒无一好评，派性很强。

孔子前期弟子立派是共时性的，后期弟子立派是历时性的。七十子后学中，有大同小异者，有小同大异者，有并行不悖者，有水火不容者。小同大异，莫如曾氏之儒与子弓氏之儒，其后又衍为孟、荀的分别。争论最激烈的是拥有派与反有派之争。指责最严厉的，莫如孙氏之儒之于思孟之儒。这是《韩非子·显学》没有认识到的。

二、《论语》及其诠释

（一）《论语》其书

《论语》是孔子弟子和再传弟子，对孔子及其弟子的不同言行记载的汇集，不成于一人一时。《论语》分上论、下论，各十篇，共二十篇。每篇若干章，共四百三十九章，约一万六千字。

为什么《论语》会有这么高的地位？因为《论语》是孔子思想得以保存的先秦文献之一。它记载了孔子与弟子或当时的政治家、学者们的对话，平易亲切，恬淡中寓意深长。《论语》不是一整套思想体系或伦理教条，多半是师生共同讨论、体验天道人事的真实记录。

《论语》的文本原分古论、齐论、鲁论。据《汉书·艺文志》及班注，古论有两篇《子张》，共二十一篇；齐论二十二篇，多出《问王》《知道》两篇；鲁论二十篇，传十九篇。古论属古文，齐论、鲁论属今文。古论是汉景帝时，鲁恭王刘余在孔子旧宅壁中发现的，世所不传。齐论、鲁论均有详细的传授谱系。西汉张禹（封安昌侯）以鲁论的篇目为基础，兼采齐论，编定论语，世称"张侯论"。东汉末年郑玄据"张侯论"，参照古论与齐论，为论语做注，即现通行本之祖本。

《论语》在东汉时被列入经部。《汉书·艺文志》说："《论语》者，孔子应答弟子、时人及弟子相与言而接闻于夫子之语也。当时弟子各有所记，夫子既卒，门人相与辑而论纂，故谓之《论语》。"由此可知，"论语"的"论"是"论纂"的意思，"论语"的"语"是"言语"的意思。"论语"就是把"接闻于夫子之语""论纂"起来的意思。又可知，"论语"的名字是当时就有的，不是后来别人给它的。

（二）为什么要读《论语》？

在汉至唐代，《论语》是妇女、学童的启蒙读本。自宋代（特别是南宋）以来，四书（《论语》《孟子》《大学》《中庸》）的地位大大提高。元至清代，四书成为科举考试的内容，代替五经成为士子必读的书。尤其是《论语》，一直以来是中国人的基本信念和信仰之源，安身立命之道。

二十篇師古曰王吉子燕傳說三卷議奏十八篇論 石業孔

孔子家語二十七卷師古曰非今所有家語

孔子三朝七篇師古曰今 師古曰

孔子徒人圖法二卷

凡論語十二家二百二十九篇

論語者孔子應荅弟子時人及弟子相與言而接
聞於夫子之語也當時弟子各有所記夫子既卒
門人相與輯而論篹故謂之論語師古曰輯與集同篹與撰同漢

與有齊魯之說傳薺論者昌邑中尉王吉少府宋

畤師古曰昭晉昭宜反御史大夫貢禹尚書令五鹿充宗膠東

庸生唯王陽名家師古曰吉字子陽故謂之王陽傳魯論語者常

藝文志

南宋黄善夫刻本《汉书》内页

　　《论语》记载不同人在不同的时空，向孔子问仁、问政或问其他问题，孔子应答的方式与内容很有差异。孔子与时人、弟子之间的对话，在具体时空环境中进行，有特殊的语言场景，提问者或对谈者有不同的年龄、身份、性格、经验、问题意识与提问方式。

　　一部《论语》，处处展现着孔子及其弟子的精神品格。《论语》第一篇是《学而》，第一句话，大家很熟悉，"子曰：'学而时习之，不亦说乎？'"那么，《论语》的第一个字，如果不算"子曰"的话，就是"学"字。《论语》的第一个关键词应是"学习"。孔子强调学习，中国文化其实就是学习的文明，最重视的是人文的教育。学习什么？首先是学习知识、文化，肯定"学而知之"，而不是"生而知之"。然而学习的重点是学做人，做一个堂堂正正、有尊严、有格范的人！

　　《论语》是中国人必读的书，它根本上是教人如何做人。中国人如不读《论语》，就不知道做人的尊严、人格的力量、人生的价值与意义。北宋宰相赵普就曾说过："半部《论语》治天下。"梁启超说，《论语》《孟子》等经典，是两千年国人思想的总源泉，支配着中国人的内外生活，其中有益身心的圣哲格言，一部分久已在我们全社会形成共同意识，我们既是这社会的一分子，总要彻底了解它，才不致和共同意识产生隔阂。

（三）怎样读《论语》？

如何读《论语》？我们要用心去读，以生命对生命，以真诚对真诚。孔子指点人，不是权威说教，而是启发学生自己去领会。儒学是生命的学问，要体验、实践，身心合一。学习这些典籍要身体力行，学以致用，不能所学与所行脱节。读《论语》先要抓其总纲，子曰："志于道，据于德，依于仁，游于艺。"（《论语·述而》）志，是心之所向、目标，指立定志向，一心向慕；据，是坚执固守，根据；依，是不违，依靠；游，是游憩，优游，涵泳，陶冶。总之，"志于道、据于德、依于仁、游于艺"，是《论语》的总纲。

《论语》集中表达的是孔子总结出来的，以"仁爱"为中心、礼仁义忠恕等为核心的价值观念，这是中国历代老百姓的日用常行之道，人们就是按此信念而生活的。我们要理解孔子思想的"一以贯之"之道，唤醒天赋予人的内在的道德良知，在仁爱的实践中，在六艺的修养中，成就我们的人格。

《论语》的诠释史精彩纷呈，其荦荦大者有：

《论语义疏》，魏何晏（？—249）注，南朝梁皇侃（488—545）疏。成书于南朝梁武帝年间，南宋乾道、淳熙后亡佚。清乾隆年间，由日本传回中土。

《论语注疏》，魏何晏集解，北宋邢昺疏，二十卷。十三经注疏之一种，吸收北宋以前的注释，不少古注得以保存。

何注皇疏以道家思想解论语，于名物制度无所考订，为学人不满，北宋时邢昺等人遂奉命改作新疏，删除皇疏之文，回顾儒学义理，又考订疏解名物制度，远胜皇疏。《论语》后来的注本，除朱子的《论语集注》（《四书章句集注》之一）外，大体都是对何晏《论语集解》的注疏（义疏、义正）。

南宋有朱子的《四书章句集注》，借注释阐发其理学思想。

（魏）何晏《论语集解》抄本上卷

法国国家图书馆藏

清代有刘宝楠的《论语正义》，此书被认为是《论语》注疏的集大成者。

今人的注本有杨树达的《论语疏证》、程树德的《论语集释》、钱穆的《论语新解》、杨伯峻的《论语译注》及李泽厚的《论语今读》等。

三、核心范畴　仁学意涵

孔子最大的贡献是创造性地奠定了中华民族人文精神的核心价值观念。要了解孔子，《论语》是重要的资料。孔子重"礼"重"仁"，是对三代至春秋时期的文化成就，尤其是对周公以来的文化成就的继承。《国语》中"仁"字有 24 见，《左传》中"仁"字有 33 见，从其中不难了解，春秋时期的思想家已经把人与仁并提，有"言仁必及人"，"杀身以成志，仁也"（《国语·周语下》《国语·晋语》）的说法，并且以"仁"表示"爱人"和其他道德的意蕴。

当然，春秋时最重的还是"礼"，《左传》提到"礼"字的有 462 次，比提到"仁"字的 33 次多 13 倍。相比较而言，孔子最重"仁"。《论语》讲到"礼"（包括礼乐并言）的有 75 次，讲到"仁"的却有 109 次。孔子超乎前代思想家最主要的贡献，是把"礼"的内核"仁"，即人文价值理想确立起来并作了多层面、多维度的发挥。"仁"是孔子思想的中心观念，也是中国哲学的中心范畴之一。

据《论语》记载，孔子一般不直接说"仁"是什么，正如《道德经》中老子一般不直接说"道"是什么一样。这也是中国哲学的方式。我们可以通过孔子与当时人的对话体悟孔子的"一以贯之"之道，体悟孔子"仁"的多重意涵。

《论语》中所揭示的仁学的意涵，我们从以下几个方面分别来讲：

（一）以"爱人"为"仁"

樊迟问仁。子曰："爱人。"问知。子曰："知人。"樊迟未达。子曰："举直错诸枉，能使枉者直。"（《论语·颜渊》）

直，正直的人。错，指放置在……之上。诸，之于的合音。枉，邪曲的人。孔子主张仁智双彰，以爱人为仁，知人为智。把这两方面综合起来，体现在用人上，所谓知人善任，即把正直的人提拔起来放在邪曲的人之上。关于"爱人"，孔子继承周公以来的人道主义传统，不仅反对人殉人牲，甚至对用人形的土俑、木俑陪葬都表示厌恶。"仲尼曰：'始作俑者，其无后乎！'为其像人而用之也。如之何其使斯民饥而死也？"（《孟子·梁惠王上》）推而论之，怎么可以让老百姓活活饿死呢？据《论语·乡党》，有一次退朝，孔子闻知马厩被烧了，他问"伤人乎？不问马"。孔子关心的是人，而不是马（及马所代表的财产）。他关心的人，包括饲养马的普通劳动者。这种对人尤其下层百姓的爱、同情和关切，是"仁"的主旨。

孔子和早期儒家主张的"爱"是有差等的爱，孔子主张"泛爱众"，但他认为着手处是爱自己的亲人，再把对亲人的爱推出去，爱别人、爱众人。这与基督的"博爱"、墨子的"兼爱"是有区别的。爱有差等是人之常情。人对自己父母兄弟姐妹的爱是自然真挚的情感，这是泛爱众的基础与前提。泛爱众是把爱自己的父母兄弟之情推而广之，将心比心，推己及人，爱周围的人、社会上的人。

《中庸》中记载孔子答哀公问政的一段话，说：

> 仁者人也，亲亲为大。义者宜也，尊贤为大。亲亲之杀，尊贤之等，礼所生也。

杀，音晒，降等、减杀之意。这就是说，"仁"是人的类本质，是人之所以为人之道，是以亲爱亲人为起点的道德感，是孝敬父母等亲情的扩大，即推己及人。"义"是合宜、恰当，尊重贤人是社会之义的重要内容，这是敬爱兄长之心的扩充。"亲亲之杀"是说"亲亲"有亲疏近远等级上的差别，"尊贤之等"是说"尊贤"在德才禄位上也有尊卑高下的等级。"礼"就是以"仁"（亲亲为起点）和"义"（尊贤为起点）为核心的秩序、等第的具体化、形式化。以上说明，"仁"的第一义是"爱人"。

（二）以"修己"为"仁"

> 颜渊问仁。子曰："克己复礼为仁。一日克己复礼，天下归仁焉。为仁由己，而由人乎哉？"颜渊曰："请问其目。"子曰："非礼勿视，非礼勿听，非礼勿言，非礼勿动。"颜渊曰："回虽不敏，请事斯语矣。"（《论语·颜渊》）

克，约束，抑制。克己是约束、克制、修养自己。复，合。复礼是合于礼，实践礼。钱穆说：礼者，仁道之节文，无仁则礼不兴，无礼则仁道亦不见，故仁道必以复礼为重。为仁，即指实践仁道。

克己复礼为仁是孔子以前古代的思想与讲法，志书有记载。《左传·昭公十二年》载："仲尼曰：'古也有志：克己复礼，仁也。'信善哉。"礼是社会一定的规矩、规范、标准、制度、秩序，用来节制人们的行为，调和各种冲突，协调人际关系。所以孔子回答颜回的提问，指出视、听、言、动都要合于礼。一个稳定和谐的人间秩序总是要一定的礼仪规范来调节，包括需要有一定的等级秩序、礼文仪节，这是古今中外概莫能外的事情。礼随着时空的变化而变化。

　　孔子重礼执礼，发掘礼的让、敬的内涵，一方面肯定"克己复礼"，主张"博学于文，约之以礼"（《论语·雍也》），即以礼修身，强调教养的重要性；另一方面则转向内在的道德自我的建立，强调"为仁由己"。儒家的学问是"为己之学"，而不是做样子给别人看的"为人之学"。

　　仁德是礼乐文化的真实内涵。就礼乐文化制度、规范与仁德的关系而论，孔子说：

　　人而不仁，如礼何？人而不仁，如乐何？（《论语·八佾》）

仁，仁德之心、仁义之行。如礼何，礼的本质如何呈现出来呢？是说人没有内在的仁德，对礼乐制度、规范或习俗，意味着什么呢？其结果只能是或者违背礼乐，或者拘守外在的形式，没有内心世界与礼仪、音乐的交融。

　　孔子又说：

　　礼云礼云，玉帛云乎哉？乐云乐云，钟鼓云乎哉？（《论语·阳货》）

钱穆解释说，玉帛，礼之所用。钟鼓，乐之所用。人必先有敬心而将之以玉帛，始为礼；必先有和气而发之以钟鼓，始为乐。遗其本，专事其末；无其内，徒求其外，则玉帛、钟鼓不得为礼乐。

林放问礼之本。子曰："大哉问！礼，与其奢也，宁俭；丧，与其易也，宁戚。"（《论语·八佾》）

林放，鲁国人。本，本质，根本。大哉问，这是一个非常好的问题，用现在的话来说，林放有很强的问题意识。易，指丧事的整个仪节十分周全，符合丧礼的规定。戚，发自内心的悲哀之情。这是说，礼仪，与其讲形式的奢华，排场，不如崇尚俭朴；料理后事，与其形式周全，不如内心悲伤，真情悼念。

孔子鼓励学生提问。他激赏当时人与弟子们的提问，把提得好的问题表彰为"大哉问"，如上述林放请教"礼"之本质与本源的提问。孔子没有正面回答此问题，只是提示：执礼宁简毋繁，宁重内容毋重形式，心意真切即可。

又如"子夏问曰"章：

子夏问曰："'巧笑倩兮，美目盼兮，素以为绚兮。'何谓也？"子曰："绘事后素。"曰："礼后乎？"子曰："起予者商也！始可与言诗已矣。"（《论语·八佾》）

倩（qiàn），美貌。盼，黑白分明。素以为绚（xuàn）兮，白底子上画着花卉。素，白色。绚，文采。绘事后素，先有白底子，再有图画。这三句诗，前两句出自《诗经·卫风·硕人》，第三句为逸诗。礼后乎，礼（乐）的产生在仁（义）之后。起，启发。孔子认为子夏有举一反三的能力，从《诗经》中体悟到儒家的真谛，甚至对自己都有启发，故说可以与子夏讨论《诗经》了。

孔子激赏子夏由"绘事后素"而悟及"礼后"（礼的形式之背后的人的真性）。这表明，仁是礼乐背后的精神。没有仁的礼乐，只是形式教条，虚伪的仪节，支配性的社会强制，使人不成其为真实的人。这正是孔子要批评的。

　　"仁远乎哉？我欲仁，斯仁至矣。"（《论语·述而》）

这里指出了礼乐形式的背后是生命的感通、人的内在的真情实感和道德自觉。"仁道"及其标准并不远离我们，现实的人只要有自觉，只要想去实行仁，仁就在这里了。

　　"为仁由己，而由人乎哉？"（《论语·颜渊》）

　　"我欲仁，斯仁至矣。"（《论语·述而》）

这两句话在全世界道德哲学思想资料中，是最早最有理性的论断。这表明，道德是真正显示人之自我主宰的行为，道德是自己对自己下命令，不仅如此，是自觉而且自愿，是"由己"，而不是"由人"，即不是听任他律的制约或他力的驱使。

　　孔子是世界上最早认识道德主体性和道德自由的文化伟人之一。当然，这并不抹杀礼的积极意义，礼是社会的节与度，使君子的行为保持一定的节与度，亦有助于道德的主体性、自律性原则的建立。合于礼、实行礼的过程是人性化的过程，是"仁"（内在性的道德）在特殊社会条件下的外在表现。

　　孔子维持了仁与礼之间的创造性紧张，这是培养君子人格、从事道德的自我修养的很好的方法。由上可知，"仁"的第二义是"修己"，通过实践礼的工夫而有教养，同时不执定于礼，努力体认礼的内核，达到实践仁德的自觉、自愿、自律，挺立道德的主体性。

（三）"忠"与"恕"

　　子贡曰："如有博施于民而能济众，何如？可谓仁乎？"子曰："何事于仁，必也圣乎！尧舜其犹病诸！夫仁者，己欲立而立人，己欲达而达人。能近取譬，可谓仁之方也已。"（《论语·雍也》）

子贡姓端木，名赐，是孔子的学生。博，广泛。施，施以恩惠。济众，接济、帮助大家。仁，仁人。何事，何止。圣，圣人。尧舜其犹病诸，是表推测的语气词。这句是说，像尧、舜这样的圣人恐怕还担心做不到呢。己欲立而立人，己欲达而达人，意为一个有仁德的人善于推己及人，自己在社会上站得住，同时启发、帮助别人，让人家自己也在社会上站得住；自己通达了，同时启发、帮助别人，让人家也通达起来。能近取譬，能够从自己身边选择（人和事作为）榜样。仁之方，践履仁道的方法。从这一章我们可知，在孔子心目中，"圣"（或圣人）是最高境界或层次（的人），"仁"（或仁人）是次于"圣"的。这一章重点讲的是"仁"的内涵的"忠"的一面。

什么是"仁"呢？仁就是自己要站得住，同时也启悟别人，让别人自己站得住；自己通达了，也要帮助别人，让别人自己去通达。人们都可以从自身、从当下的生活中一点一滴地去做，这是实践仁道的方法。孔子的意思不是外在强加地使别人立或达起来，而是创造一种气氛或环境，让别人自己去挺立自己的生命，在社会上站得住并通达。这才是仁人的品格。

"仁"的内涵的另一面是"恕"。"出门如宾，承事如祭，仁之则也。"（《左传·僖公三十三年》）这是孔子以前的讲法，春秋时人即以"敬"为"仁"的原则之一，敬事与尽忠有关。孔子进而指出，"己所不欲，勿施于人"的"恕"道也是"仁"的原则之一。

仲弓问仁。子曰："出门如见大宾，使民如承大祭。己所不欲，勿施于人。在邦无怨，在家无怨。"仲弓曰："雍虽不

敏，请事斯语矣。"(《论语·颜渊》)

大宾，公侯之宾，指最尊贵的客人。大祭，郊禘之祭，指过去在郊外祭天的仪式。当然，按《周礼》，只有天子才有资格祭天。出门如见大宾，使民如承大祭，是敬；己所不欲，勿施于人，是恕；克己复礼，主敬行恕，都是求仁的工夫。

子贡问曰："有一言而可以终身行之者乎？"子曰："其恕乎！己所不欲，勿施于人。"(《论语·卫灵公》)

君子终身奉行的"恕道"是：自己不想要的东西，决不强加给别人。例如我不希望别人羞辱自己，那我决不要羞辱别人。尊重别人，是别人尊重自己的前提。这里强调的是一种宽容精神与沟通理性，设身处地地为别人着想。

什么是孔子的"一以贯之"之道？曾子说："夫子之道，忠恕而已矣。"(《论语·里仁》)尽心尽力，奉献自己，谓之"忠"。孔子讲："人之生也直，罔之生也幸而免。"(《论语·雍也》)人的生存是由于正直，不正直的人也可以生存，那是他侥幸地免于祸害。孔子讲内在的"直"德，就是内不自欺，外不欺人，反对巧言令色，虚伪佞媚。"忠"是尽己之心，"己欲立而立人，己欲达而达人"。这是内心真诚的"直"德的不容已的发挥。"恕"讲的则是待人接物。"恕"是推己之心，"己所不欲，勿施于人"。把以上两者综合起来就叫忠恕之道或絜矩之道。

实际上，"忠"中有"恕"，"恕"中有"忠"，"尽己"与"推己"很难分割开来。这不仅是人与人之间关系的仁道原则，推而广之，也是国家与国家、民族与民族、文化与文化、宗教与宗教之间的相互关系的准则，乃至是人类与自然的普遍和谐之道。"仁"的内涵包括物我之间和人人之间的情感相通、痛痒相关。孔子所说的"己所不欲，勿施于人"，1993年被世界宗教会议通过的《走向全球伦理宣言》推尊为人类相处之道的最重要的规则。

《中庸》曰："忠恕违道不远。"这里，道指人道，即仁。忠恕未足以尽"仁"，是为仁之方，所以说违道不远。以上说的是"仁"的第三义——忠恕。

（四）人文主义的价值理想

子曰："里仁为美。择不处仁，焉得知？"（《论语·里仁》）

里仁，里是居住，这里讲处于何处，里仁即处在仁的境界之中。择，选择。处（chǔ），处世之道。知，同"智"，明智，智慧。我们居住在哪里呢？居住在仁里面。老汉口有居仁门、居仁里。择，古人讲择业、择友、择邻。自我选择、追求生命的境界，不选择仁，哪能叫智慧的选择？

子曰："不仁者不可以久处约，不可以长处乐。仁者安仁，知者利仁。"（《论语·里仁》）

约，穷困。乐，安乐。安仁，认识到"仁"是人安身立命的根据，不管生活是艰难，抑或安乐，都以"仁"为人生的最高追求。利仁，认识到"仁"对于人生的长远而巨大的益处，由此将"仁"作为人生的目的。没有仁德的人，经不起困顿、贫贱的考验，也经不起安逸、富贵的考验。不仅逆境是考验，顺境也是考验。人的一生，会遇到无数坎坷，也会遇到安乐，这是锻炼自己心志、人格的机会。孟子所谓"富贵不能淫，贫贱不能移，威武不能屈，此之谓大丈夫"，所谓"生于忧患，死于安乐"，都是这个意思。

子曰："唯仁者能好人，能恶人。"（《论语·里仁》）

好（hào）人，喜爱应该喜爱的人。恶（wù）人，厌恶应该厌恶的人。仁者有一种直觉即当下的判断，有是非之心；仁者的好恶得乎其中（中道）。子曰："苟志于仁矣，无恶也。"（《论语·里仁》）苟，如果，假如。志于仁，坚定行仁的志向且实践之。无恶（è），使邪念恶行不能产生。可见立志的重要性。

子曰："富与贵，是人之所欲也，不以其道得之，不处也；贫与贱，是人之所恶也，不以其道得之，不去也。君子去仁，恶乎成名？君子无终食之间违仁，造次必于是，颠沛必于是。"（《论语·里仁》）

道，正当的途径，合理的手段。处，接受。去，摆脱。此句是说，用不正当的手段摆脱贫贱，君子不会接受。后一"去"，意为离开，抛弃。恶（wū），怎么样。违，违背，离开。造次，仓促，匆忙。颠沛，流离失所。发大财，做大官，这是人人所盼望的；然而不用正当的手段去得到它，君子也不接受。君子在吃饭的时间也不会离开仁德，就是在仓促匆忙、颠沛流离的时候，都与仁德同在。人生存的价值就在于他能超越自然生命的欲求。

> 樊迟问知。子曰："务民之义，敬鬼神而远之，可谓知矣。"问仁。曰："仁者先难而后获，可谓仁矣。"（《论语·雍也》）

知，聪明。务民之义，使人民达到"义"的境界。远，疏远。仁，仁德。仁者先难而后获，有仁德的人勇于担当艰难困苦，且不计所获。

仁道的价值理想，尤其体现在道义与利欲发生冲突的时候。孔子不贬低人们的物质利益要求和食色欲望的满足，只是要求取之有道、节之以礼。他说：

> 君子喻于义，小人喻于利。（《论语·里仁》）

　　士志于道，而耻恶衣恶食者，未足与议也。（《论语·里仁》）

　　君子食无求饱，居无求安，敏于事而慎于言，就有道而正焉，可谓好学也已。（《论语·学而》）

　　"仁"有草根性。笔者做小孩的时候，常听家中老人讲"人要忠心，火要空心""将心比心""秤平斗满不亏人"等。笔者的双亲时时省吃俭用，顾念一大家人，唯独克扣自己，真诚地待人。家中并不富裕，但邻居有难或逃荒讨饭的来了，祖父母、父母亲都会解囊相助。

　　孔子提出的道义原则、仁爱忠恕原则，仁、义、礼、智、信等价值理想，是以"仁"为中心的。孔子仁学是中国人安身立命、中国文化可大可久的依据。这些价值理想通过他自己践仁的生命与生活显示了出来，成为千百年来中国知识分子的人格典型。这是"仁"的第四层含义。

（五）忧乐圆融与生命的意境

　　孔子有自己的终身之忧和终身之乐："君子谋道不谋食""忧道不忧贫"（《论语·卫灵公》）、"德之不修，学之不讲，闻义不能徙，不善不能改，是吾忧也"（《论语·述而》）。他的快乐，是精神的愉悦。他赞扬颜渊穷居陋巷，箪食瓢饮，"人不堪其忧，回也不改其乐"（《论语·雍也》）。"饭疏食饮水，曲肱而枕之，乐亦在其中矣。不义而富且贵，于我如浮云。"（《论语·述而》）同时，孔子提倡追求人生修养的意境，游憩于礼、乐、射、御、书、数六艺之中。"兴于诗，立于礼，成于乐。"（《论语·泰伯》）

孔子又说：

知者乐水，仁者乐山；知者动，仁者静；知者乐，仁者寿。（《论语·雍也》）

乐，喜爱。此句是说，智者达于事理而周流无滞，有如水，故乐水；不滞一隅，无所迷惑，故快乐。仁者安于义理而厚重不迁，有如山，故乐山。内省不疚，无所忧伤，故高寿。

据《论语·先进》第二十六章，有一次孔子与几位弟子交谈，孔子说，如果有人愿意用你们，你们打算怎么办呢？刚强果敢的子路抢着说，自己愿去治理一个有一千辆兵车那样规模不大的诸侯国，如果它处在几个大国的夹缝中，外有强敌，内有灾荒，大约三年，我可以使该国生存下来，能让国民个个有勇气且懂方略。孔子听后，微微一笑，又问多才多艺的冉求，你有什么打算呢？冉求说，若有一个方圆六七十里或五六十里的小国请我去治理，三年时间，我可以使人人富裕，至于礼乐制度文化方面的建设，则要另请高明。孔子接着问喜爱礼仪的公西华，你打算怎么办呢？公西华说，我不一定能拿得下来，但愿学习而已。宗庙祭祀活动，国与国间的外交盟会之事，我愿穿礼服、戴礼帽，做个司仪。孔子问曾参的父亲曾点，你怎么样呢？曾点弹瑟正近尾声，铿的一声把瑟放下，站起来说，我与他们三个不同。孔子说，没有关系，不过是各人说自己的志向而已。曾点说：暮春三月，穿着春装，与五六个青年同学、六七个孩子，一道在沂水河边洗澡，又到祈雨的舞雩台上吹风，然后一路歌声，走回家去。孔子感叹说，"吾与点也"。从这个故事里，我们可以领略到孔子的意境。孔子平日鼓励学生们积极入世去从事管理工作，可在这特殊的场合，却认同曾点的情怀。这表明儒家在入世的追求中，也有潇洒自在的意趣。儒家宗师孔子自强不息，努力奋斗，乃至知其不可而为之。另一方面，孔子也自得其乐，随遇而安，他有从容气象，

（隋）展子虔绘《游春图》

胸次悠然，直与天地万物上下同流。曾点深知夫子之志，是使老者安之、朋友信之、少者怀之，人人各遂其志。孔子的人生境界有其超越层面。

这是"仁"的第五层含义。我们不妨把上述五层含义融会贯通地加以理解，从不同角度理解"仁"。

四、为政之道　德治思想

孔子的思想被概括为"内圣外王"之道。其实，这一提法，最开始并非出自儒家，而是出于《庄子·天下》，其中讲道：

天下大乱，贤圣不明，道德不一。天下多得一察焉以自好。譬如耳目鼻口，皆有所明，不能相通。犹百家众技也，皆有所长，时有所用。虽然，不该不遍，一曲之士也。判天地之美，析万物之理，察古人之全。寡能备于天地之美，称神明之容。是故内圣外王之道，暗而不明，郁而不发，天下之人各为其所欲焉以自为方。

依据《庄子·天下》全文语境，可知"内圣外王"即为孔子所创立的儒家思想的概括。

孔子"祖述尧舜，宪章文武"，以继承周公礼乐文明制度、恢复周礼于当世为职志，以经过整理述作的六经作为尧舜之道传承的依据，提出为政以德、天下为公的王道思想。其中强调为己之学、修身为本的部分，为"内圣"之学，强调视民如伤、心忧天下的部分，为"外王"之学。内圣外王之道，或称王道，因孔子而成为中国传统政治哲学的基本范式。上一部分我们讲了《论语》所揭示的孔子的"内圣"之学，以下我们讲孔子的"外王"之学。

孔子强调德治、礼治，其政治学说把为政之道的核心精神归结为"德"字。孔子为政以德的思想，可从以下三方面来理解。

（一）为政以德

孔子说："君子之德风，小人之德草。草上之风，必偃。"

（《论语·颜渊》）主政者的人格风范好比风，老百姓的风气好比草，风往哪里吹，草就向哪边倒。孔子又说："为政以德，譬如北辰，居其所而众星共之。"（《论语·为政》）为政者如果能以道德人格来主持、治理政务，就会像北极星被众星拱卫一样而得到众人的拥护。为政者不是以权势、地位，而是以德养、人格，使人心悦诚服，为同僚、下属所拥戴。孔子说："道（导）之以政，齐之以刑，民免而无耻；道（导）之以德，齐之以礼，有耻且格。"（《论语·为政》）格是来的意思。整句是说，如果为政者用政令来引导，用刑罚来整治老百姓，老百姓可以免于犯罪，但却没有羞耻之心。而为政者如果用道德来引导，用礼乐文化来教化老百姓，老百姓不但会懂得廉耻，而且会心悦诚服地归服于你。光靠政令与刑罚行不行呢？当然可以，但只能治标，不能治本，不能唤起民众的羞耻之心。孔子主张宽政，反对酷刑，认为宜以内在的道德诱导人民，用成文或不成文的规范、制度来训练他们，使之有羞耻感、有耻德。

德政是儒家式的"无为而治"。孔子说："无为而治者，其舜也与？夫何为哉，恭己正南面而已矣。"（《论语·卫灵公》) 传说中的舜德行很高，既善于修己，又善于用人。只要任用得当，具体事务有人负责，就不必亲力亲为；只要端正地南面而坐，就可以治理好国家、天下。这是通过为政者的道德风化，上行下效的结果。这里倡导的是以自我管理为中心的方略。

孔子一贯提倡中正平和的治政理念。他以"正"来讲"政"，强调平正。如下面所说：

季康子问政于孔子。孔子对曰："政者，正也。子帅以正，孰敢不正？"（《论语·颜渊》）

苟正其身矣，于从政乎何有？不能正其身，如正人何？（《论语·子路》）

这里，第一层讲为政的中正平直，不偏不倚；第二层讲治政者带头做到中正平直，不徇私情；第三层讲只有正己，才能正人。孔子认为，治政者要"安民""平正""同仁""无私"，在管理工作中做到公平、公正，反对过度的恶恶、亲亲、贵贵，强调正身、正国、正天下，以爱心与德政来化解矛盾，诱导上下相亲，慈爱和睦；又主张教育感化，德刑并举，不杀无辜，不释罪人，善于区分并适度处置违法犯罪现象，使得政平而人和。

（二）正名学说

《论语》里记载：

> 子路曰："卫君待子而为政，子将奚先？"子曰："必也正名乎！"子路曰："有是哉，子之迂也！奚其正？"子曰："野哉由也！君子于其所不知，盖阙如也。名不正，则言不顺；言不顺，则事不成；事不成，则礼乐不兴；礼乐不兴，则刑罚不中；刑罚不中，则民无所措手足。故君子名之必可言也，言之必可行也。君子于其言，无所苟而已矣。"（《论语·子路》）

孔子强调正名。子路认为老师太迂腐了。其实孔子并不迂腐。他的意思是，管理者既然负有责任，就一定要获得某种授权。而一定的名分就标志着他获得了相关职位的授权，因而有了相应的责任。名分规定了其职责，规定了所管理事物或对象的范围、界限与责任。权与责、名分与实务要一致。我们说话恰如其分，才能办好事，才能振兴礼乐文明，使刑罚公正合理适当，这样老百姓就不至于手足无措了。

官员要名实相符，言行一致，说话不能太随意。人主、官吏必须"取信于民"（《汉书·楚元王传》），这是一条治国的原则，也是对从政者的要求。"道（治理）千乘之国，敬事而信"（《论语·学而》），即使治理一个不大的诸侯国，尚且要严肃认真，信实无欺，何况更大的国家呢？

孔子又说："君使臣以礼，臣事君以忠。"（《论语·八佾》）君臣关系，今天已经没有了，但管理事业总有上下级关系。这种关系不是单向度的要求，所谓"君惠臣忠""君仁臣忠"，即彼此尊重、相互对等的要求。

（三）富民教民

孔子继承周公"明德慎罚""敬德保民"和管仲"仓廪实则知礼节，衣食足则知荣辱"的思想，主张德主刑辅，教化为先。孔子认为，良好的政治是富民的政治，故其治政方略是三个大字——"庶""富""教"：

子适卫，冉有仆。子曰："庶矣哉！"冉有曰："既庶矣，

又何加焉？"曰："富之。"曰："既富矣，又何加焉，"曰："教之。"（《论语·子路》）

庶而后富，富而后教，肯定民生，强调藏富于民，把维护老百姓的生存权与受教育权看作为政之本。

孔子所重在"民、食、丧、祭"（《论语·尧曰》），重视百姓的吃饭与生死问题，主张如子产那样"养民也惠"，"使民也义"（《论语·公冶长》）。孔子说："节用而爱人，使民以时"（《论语·学而》），希望统治者不违农时，做到"恭、宽、信、敏、惠"（《论语·阳货》）；"因民之所利而利之，斯不亦惠而不费乎？择可劳而劳之，又谁怨？"（《论语·尧曰》）这都是孔子"仁爱"思想与"仁政"学说的题中应有之义。

孔子注意到分配正义、社会公正问题，反对贫富过于悬殊，指出："不患寡而患不均，不患贫而患不安。盖均无贫，和无寡，安无倾。"（《论语·季氏》）他对冉求说的这番话，是针对春秋末期季孙氏等新贵之暴富而提出的，意思是说，各诸侯或大夫，不必担心自己的财富不多，而需要顾虑的是财富分配不均，那会导致诸侯之国与大夫之家的颠覆。若是财富平均，贫穷被消灭，境内团结、平安、和睦，那么邦国不仅不会倾危，而且会有远处的人来归服。

儒家还关注养老、救济弱者、赈灾与社会保障的制度设计及其落实，强调整个社会应关注鳏、寡、孤、独等弱势群体。《礼记·礼运》所描绘的大同理想是："大道之行也，天下为公，选贤与能，讲信修睦。故人不独亲其亲，不独子其子，使老有所终，壮有所用，幼有所长，矜寡孤独废疾者皆有所养，男有分，女有归。"孔子的"富民"说、"均富"论和"教化"论，从根本上说也就是以"仁爱"思想为中心的政治主张。

孔子主张"有教无类"，"举贤才"，主张从民间的平民中提拔德才兼备的人才，知人善任，尤其强调"举直错（措）诸枉，能使枉者直"（《论语·颜渊》），即把正直的人提拔出来，放置在邪曲的人之上，能使邪曲的人变得正直。子夏对樊迟解释这句话，说：舜有了天下，从众人中挑选、任用了皋陶。汤有了天下，从众人中挑选、任用了伊尹，坏人都难以存在了。舜、禹都善于访求、考察、选拔并放手任用贤德的臣子，当然也要考核他们。孔子主张，对于人才，不要求全责备，可以"赦小过"，即不计较人家的小错误，强调德、位、禄、用的相称。

孔子认为，治国的目的是使百姓生活安定、安康。他强调以严肃庄敬的态度合理合法地动员百姓的重要性。如"修己以敬""修己以安人""修己以安百姓"（《论语·宪问》）、"博施于民而能济众"（《论语·雍也》）、"节用而爱人，使民以时"（《论语·学而》）。治政者谨慎地使用权力，修养自己，自己良心安了，才能使百姓安宁。

孔子回答子张怎样才能管理政事的提问时，提出了五种美政：

> 君子惠而不费，劳而不怨，欲而不贪，泰而不骄，威而不猛。

> 因民之所利而利之，斯不亦惠而不费乎？择可劳而劳之，又谁怨？欲仁而得仁，又焉贪？君子无众寡，无小大，无敢慢，斯不亦泰而不骄乎？君子正其衣冠，尊其瞻视，俨然人望而畏之，斯不亦威而不猛乎？（《论语·尧曰》）

五种美政的核心是顺着人民的利益使人民得到幸福的"利民"思想，是从安民济众的根本出发的。正如《论语·里仁》中所说的："仁者安仁，知者利仁。"安定天下，主要是使百姓平安，而最使百姓不安的就是官员利用职权与民争利，贪污腐败，不能"修己"，以及"动之不以礼"（《论语·卫灵公》），使民不以时，即官府以随意的态度滥用权力，任意扰民，践踏民意，不顾民生，不能济众施惠，不以庄敬的态度尊重老百姓，爱护老百姓。孔子的主张是"以德服人"，而且治政者要不断提升自己的人生境界。

五、公私观与正义论

春秋时期，"公"一般指天子、诸侯，"公家""公室""公事"一般与天子、诸侯国君有关。处于春秋末期的孔子，无疑是在对周礼因革损益的基础上，面对诸侯、大夫，及其与家臣、家宰之关系的变异，来讨论"公"与"私"的问题的。然而西周初年以降的人文主义传统是孔子思想的文化土壤，孔子在思考公私之辨时，更有一种人文的自觉。故孔子在讨论公私、义利时，也有超越于时代的思想火花，值得当代人汲取。

除了上面论述中提到的中正平和的治政理念和"有教无类""举贤才"的教育理念外，孔子的公私观与为政学说中具有公共性、公正性的意涵还有以下几项内容：

（一）肯定、尊重生存权与私利

孔子强调百姓的生存权、私利与民生问题，并谓之为"公"。良好的政治必须保证老百姓的生存与利益。《诗经·小雅·天保》说："民之质矣，日用饮食。"质，成平也。孔子主张"富民""教民"，他治国安民的主张是"庶之""富之""教之"，庶而后富，富而后教，肯定民生，强调藏富于民，把维护老百姓的生存权看作为政之本。《礼记·礼运》说："饮食男女，人之大欲存焉。"故理想的政治是：体民之情，遂民之欲，此即王道、仁政。

孔子说："所重：民、食、丧、祭。宽则得众，信则民任焉，敏则有功，公则说（悦）。"（《论语·尧曰》）据杨伯峻，"信则民任焉"为衍文，是因《论语·阳货》"信则人任焉"的误增。但不管怎么样，这里至少强调了为政者必须重视老百姓的事，尤其是吃饭、安葬等生死之事，要宽厚待民，还提到

"公"（即公平、公正）的原则，指出办事"公正"才能使老百姓高兴。孔子重视百姓及其吃饭与生死问题。民以食为天。在孔子看来，人在社会中的生存和生活状况很重要，而死后的安葬与祭祀也很重要。孔子希望统治者不违农时，使百姓维持生活、生产，有一定的生存保证。故我们尤其要重视"公则说（悦）"的"公"的意涵。

孔子论五种美政、四种恶政，特别反对暴政苛政，不教而诛，把"因民之所利而利之"作为首要的原则，反对以傲慢的态度对待小民，又强调了为政者的庄重、宽厚、廉洁、施惠、责任与信用，实已触及对待公权力的态度、公权力运用的正当性，以及公权力对小民私利的保护。孔子在礼治秩序下提出"因民之所利而利之"，是一个有积极意义的命题。施恩惠于民，养育人民，按正路有道义地使用民力，珍惜民力，不浪费资源。防止公共权力的滥用是珍惜民力、保护民生的重要内容。

孔子说："知及之，仁不能守之，虽得之，必失之。知及之，仁能守之，不庄以莅之，则民不敬。知及之，仁能守之，庄以莅之，动之不以礼，未善也。"（《论语·卫灵公》）这里强调了仁德高于聪明才智，强调了严肃庄敬的态度和合理合法地动员百姓的重要性。孔子反对滥用权力，任意扰民，践踏民意，不顾民生。他提出以"敬"的态度谨慎地使用公共权力的问题，以安民济众、百姓平安为根本目的。孔子重视为政者不与民争利，强调公权力应维护民利，给人民以好处与实惠。

有子在税收政策上，主张十一税，批评鲁哀公的横征暴敛，提倡藏富于民。"百姓足，君孰与不足？百姓不足，君孰与足？"（《论语·颜渊》）良好的政治是让百姓富足、有安全感的政治，是得到人民信任的政治。人主、官吏必须"取信于民"，这是一条治国的原则，也是对从政者的要求。"道千乘之国，敬事而信"（《论语·学而》），即治理一个国家，要严肃认真，信实无欺。孔子说治理政事，一定要做到粮食充足、军备充足，百姓对政府有信心。如果百姓对政府缺乏信任与信心，国家是站不起来的。这一层意义的"信"，是儒家为政思想的一个重要内容，涉及公权力的合法性问题。

为政者修养自己来使所有的老百姓安乐，这是孔子的政治理想，虽不能至，心向往之。"子贡曰：'如有博施于民而能济众，何如？可谓仁乎？'子曰：'何事于仁！必也圣乎！尧舜其犹病诸!'"（《论语·雍也》）广泛地给人民以利益，使老百姓生活得更好，不仅是"仁"的境界，简直更升进到"圣"的境界了!

（二）不反对私利，但反对以权谋私

孔子不仅不反对老百姓的私与富，也不反对社会上层人士的私与富。如说："富而可求也，虽执鞭之士，吾亦为之。"（《论语·述而》）又说子贡："赐不受命，而货殖焉，亿则屡中。"（《论语·先进》）"邦有道，贫且贱焉，耻也。"（《论语·泰伯》）孔子肯定"富与贵，是人之所欲也""贫与贱，是人之所恶也"，强调取之（或去之）以道，得之（或去之）以礼（《论语·里仁》）。

冉求做季氏的家宰，为之搜括、敛财，孔子让学生批判他。"季氏富于周公，而求也为之聚敛而附益之。子曰：'非吾徒也。小子鸣鼓而攻之，可也。'"（《论语·先进》）此指鲁哀公十一至十二年间，季氏要增加赋税，派冉求征求孔子的意见，孔子主张"施取其厚，事举其中，敛从其薄"。但冉求仍听从季氏，实行田赋制度，加重盘剥百姓。

《八佾舞于庭》

孔子博物馆陈列

对于社会上层官员，以及准备做官的弟子，孔子说："奢
则不孙（逊），俭则固。与其不孙（逊）也，宁固。"（《论语·述
而》）戒奢以俭，宁可贫寒，不可富而骄纵。孔子讲："放于
利而行，多怨"（《论语·里仁》）、"君子喻于义，小人喻于利"
（《论语·里仁》）。这并不是他不肯定私利，只是告诫在位者不
要利用职位、权力去谋取个人利益，希望官员晓明道义，"见
利思义"（《论语·宪问》），以义来指导利。当时的卿大夫不但
贪污，而且奢侈成风，孔子"以廉风贪，以俭风侈"，故以

卫国公子荆来讽喻在位者。"子谓卫公子荆，善居室。始有，曰：'苟合矣。'少有，曰：'苟完矣。'富有，曰：'苟美矣。'"（《论语·子路》）

（三）责任伦理与信用品性

这主要是要求为政者、士大夫的。儒家思想资源中的责任伦理、人格信任、廉洁奉公，可视为公共事务中的道德品格。

"樊迟问仁。子曰：'居处恭，执事敬，与人忠。虽之夷狄，不可弃也。'"（《论语·子路》）严肃认真地从事公务，忠实于职守，这已经近乎"仁"了。"子路问政。子曰：'先之劳之。'请益。曰：'无倦'。"（《论语·子路》）"先之劳之"，即"先有司"（《论语·子路》），有职务的、管事的人必须勤劳，带头。"先之劳之""无倦"，即服务大众，忠于职守，公正廉洁，勤政爱民，劳而无怨。"子谓子产，'有君子之道四焉：其行己也恭，其事上也敬，其养民也惠，其使民也义。'"（《论语·公冶长》）这是借歌颂子产申言官德，强调的仍是庄严恭敬、认真负责。

"子张问仁于孔子。孔子曰：'能行五者于天下，为仁

矣。''请问之。'曰:'恭,宽,信,敏,惠。恭则不侮,宽
则得众,信则人任焉,敏则有功,惠则足以使人。'"(《论
语·阳货》)这里把恭、宽、信、敏、惠等五个方面,即庄敬
自重、宽宏大度、诚实守信、勤劳敏捷、慈心施予,作为
"仁"的内涵与官德。孔子讲"仁",主要是针对有禄位的诸
侯、卿、大夫、士。用现在的话来说,主要是对官员、干部
和知识分子的要求。因此他说,庄敬自重,才有威严,不会
招致侮辱;宽厚宽容、有大气度,才会得到大家的拥戴;诚
信无欺,才会得到任用;勤劳敏捷,效率高,才会贡献大;
施恩惠于人,才能用人。严肃、宽厚、信用、勤敏、施惠,
至今仍是为政者之德。

孔子还提出要顺着人民的利益使人民得到幸福的"利民"
思想。他进一步对于官员、君子,提出了德、才、禄、位相统
一的要求,而且都是从安民济众的根本出发的。安定天下,主
要是使百姓平安。而最使百姓不安的就是官员贪污腐败,不能
"修己",以及"动之不以礼""使民不以时",即官府以随意的
态度使用民力,滥用权力,任意扰民,践踏民意,不顾民生,
不能济众施惠,不以庄敬的态度尊重老百姓、爱护老百姓。

"子曰：'君子义以为质，礼以行之，孙（逊）以出之，信以成之。君子哉！'"（《论语·卫灵公》）对君子品行、人格的要求，乃是因为君子承担着公共事业。而相互"信任"，讲求"信用"，尤为重要。故"子曰：'人而无信，不知其可也。大车无𫐐，小车无𫐄，其何以行之哉？'"（《论语·为政》）"敬"（严肃认真）、"忠"（忠于职守）、"信"（真诚信实）当然都有具体的历史的内涵，但"敬""忠""信"并非只是君子之私德，还恰好是公共事务中的工作伦理与品性，结合现代性的内涵，仍可转化为当下公共政治领域的工作伦理。

（四）君臣的权责　相互的要求

这里含有政治分工与制约的萌芽。

齐景公问政于孔子。孔子对曰："君君，臣臣，父父，子子。"公曰："善哉！信如君不君，臣不臣，父不父，子不子，虽有粟，吾得而食诸？"（《论语·颜渊》）

孔子对齐景公说，君要像个君，臣要像个臣，父要像个父，子要像个子。这就是孔子讲的"正名"，使名与实匹配，权利与

齐景公问政孔子曰政在节财公说
欲封以尼谿之田晏婴进曰夫儒者
滑稽而不可执法倨傲自顺不可以
为下君欲用之以移齐俗非所以先
民也後景公语孔子曰吾老矣不能
用也孔子遂行

赞曰

遅遅去鲁　欵欵就齐
所希行道　于以济时
用不可对　仕不可苟
接淅而行　富贵所布

明人绘《孔子圣迹图·晏婴沮封》

齐景公向孔子问政，对孔子的回答感到满意，想进行封赏，被晏子谏止。

责任、义务相符合，以及管理的层次性与秩序性。孔子在这里就有层次、秩序、原则、规范的管理思想，要求不越权，层次分明，分级管理。这都是儒家思想公共性的内涵。

就臣道而言："子曰：'事君，敬其事而后其食。'"(《论语·卫灵公》)"子路问事君。子曰：'勿欺也，而犯之。'"(《论语·宪问》)此即"事君有犯而无隐"的先导。以臣事君，不能欺骗君主，但可以犯颜直谏。

孔子提出"以道事君，不可则止"的原则。

季子然问："仲由、冉求可谓大臣与？"子曰："吾以子为异之问，曾由与求之问。所谓大臣者，以道事君，不可则止。今由与求也，可谓具臣矣。"曰："然则从之者与？"子曰："弑父与君，亦不从也。"(《论语·先进》)

季氏专权、僭窃，冉有、子路仕于其家而不能纠正。孔子对此一直有所批评。此章则再次强调要以合乎人道、仁义的方式对待君主或所服侍的大夫、臣子，如果行不通，宁可坚持原则而辞职。所谓大臣，不从君之欲，必行己之志。子路、冉有达不到大臣的标准，但仍具备为臣的一般标准，明白君臣大义。此章也表明了孔子对子路、冉有的基本信任，即认为他们不会顺从季氏去弑鲁君，仍有不可夺之大节。此后的孟子、荀子也都强调了"从道不从君"的原则。

综上所述，孔子为政思想中包含了非常丰富的正义观、公私观与公共事务伦理方面的资源。把孔子放在春秋末期的政治事务中恰如其分地予以评价，不难看出其仁政思想中所蕴含的公平、正义的理念。当时的"公"虽不能等同于今日所谓的"公共性"，但在当时大夫家、诸侯国的事务中，仍有超越家国，涉及老百姓的事务。

孔子一再向治政者强调民众私利，提倡"富民"与"惠民"，在一定意义上肯定小民的生存权与私领域，同时也肯定士人及以上等级的人之私利，但反对以权聚敛财富，又主张向下层人民及其子弟开放教育与政治，实为我国文官制度与私学制度之先声。

孔子对从政者的敬业、忠诚、信用等品性提出了具体的要求，从责任伦理上奠定了公共伦理的基础，而在君臣关系的处理上也包含了区分职权、责任及相互制约的萌芽。这些都是探讨公共哲学的重要资源。值得注意的是，在官德上，孔子反对"徇私"，因为这是与仁义爱民原则相悖的。但孔子不反对个体隐私与亲亲等合理之私。

六、君子人格与圣人境界

（一）身体力行　自我挺立

中国哲学家的哲学智慧是从他的精神人格中流淌出来的，知识与德性在他身上统一而不可分。遵循自己的哲学信念而生活，本身就是其哲学的组成部分。用金岳霖先生的话来说："对于他，哲学从来就不只是为人类认识摆设的观念模式，而是内在于他的行动的箴言体系；在极端的情况下，他的哲学简直可以说是他的传记。"（冯友兰：《中国哲学简史》）孔子的哲学思想与他的生命活动是合一的，他的一生都在践履他的思想，或者说他的哲学需要他生活于其中。

儒学是关于生命的学问，其精髓是做人的道理，并将这些道理身体力行，落实到日常生活中去。儒学是为己之学，而不是为人之学。也就是说，儒者的修养主要是靠自我觉悟，自我挺立，提升自己，成就自己，实现自己的价值，而不是摆摆样子，做给别人看。

孔子是中国文化的代表，是中国乃至世界上最伟大的思想家、教育家。西方有识之士把孔子与苏格拉底、释迦牟尼、耶稣并列为大哲学家与思想范式的创造者。钱穆说："然于中国学术具最大权威者凡二：一曰孔子，一曰六经。孔子者，中国学术史上人格最高之标准，而六经则中国学术史上著述最高之标准也。自孔子以来二千四百年，学者言孔子必及六经，治六经者亦必及孔子。"（《国学概论》）孔子是"继天立极"（《中庸章句·序》）的人格楷模，说他是中国人格的最高标准恰如其分。

周游列国时，孔子的道德理想主义的政治主张不为各国执政者所采纳，凄凄惶惶，找不到一个容身之所，在陈蔡竟陷于绝粮的窘境。但他仍然持守道义，席不暇暖，不畏辛劳，乐以忘忧，在困厄中与弟子"习礼大树下"，"讲诵弦歌不衰"（《史记·孔子世家》)。

孔子一生"学而不厌，诲人不倦"，"发愤忘食，乐以忘忧"（《论语·述而》），"笃信好学，守死善道"（《论语·泰伯》），活到老，学到老，教到老。他主张立志有恒、内省不疚、改过迁善、言行一致。他倡导的是一种学习型的文化，是德性的教育、性情的教育、人格成长的教育与终身的自我教育。他把教育开放到民间，使农家、平民子弟可以通过接受教育而参与政治，甚至最高的政治。尤其是，他为道德理想、社会理想的实现，"知其不可而为之"（《论语·宪问》），开辟了以理想批判现实的先河。孔子以仁爱、仁德为中心的价值观念，通过他自己的生命与生活显示了出来。他是千百年来中国知识分子的人格典范。

儒者的身教与言教，如果说可以影响别人，那也不是强加式的，而是引导式的、感通式的。儒者提示、启悟与他生活在一起的学生或周围的人，领略、觉知自己生活的目的、意义、价值。儒家教育的目的是成就人格，其向度一是提升境界，二是做修养工夫。

（二）人格境界论

所谓人格境界论，就是儒家哲学的形上学，或者叫境界形上学。儒家的境界形上学彰显了人的终极性，但与生活世界并不隔绝，可以下贯到日常生活中去。反过来说，儒家思想并非如黑格尔在《哲学史讲演录》中所说，只是俗世伦理，它的性与天道的思想含有深刻的哲学形上学的内涵，其日用伦常亦可以提升到形而上的境界层面。形上与形下，境界与工夫，高明与中庸，神圣与凡俗是相互贯通的。

冯友兰先生说："专就中国哲学中的主要传统说，我们若了解它，我们不能说它是入世的，固然也不能说它是出世的。它既入世而又出世。有位哲学家讲到宋代的新儒家，这样描写它：'不离日用常行内，直到先天未画前。'这正是中国哲学要努力做到的。有了这种精神，它就是最理想主义的，同时又是最现实主义的；它是很实用的，但是并不肤浅。""儒家认为，处理日常的人伦世务，不是圣人分外的事，正是他的人格完全发展的实质所在。他不仅作为社会的公民，而且作为'宇宙的公民'，即孟子所说的'天民'，来执行这个任务。"（冯友兰：《中国哲学简史》）中国的"圣人"既入世又出世，他的品格是

"内圣外王"的，内圣是就其内在的德性修养而言，外王是就其外在的社会活动及其功用而言。

在儒学的话语系统中，说到人格，是不讨论自然人，而只讨论道德人的。儒家不排斥功利，但批评仅仅以个人功利作为生活的总目标的人，并称之为小人。君子与小人之辨，是人格与非人格的区分。道德人当然首先是自然人，并非不讲功利（在一定的时空场合反而更讲族群、整体的功利），但人格境界是从价值上说的。

（三）君子人格

《论语》中孔子所提示的人格，是君子人格，其最高的境界是"圣"，即"圣人"的境界，次高的境界是贤人的境界，然后是君子的境界。孔子继承先哲所提倡的道义原则、仁爱忠恕原则、仁义礼智信等价值理想。这些价值理想通过孔子自己践仁的生命与生活显示了出来。

先说君子。《论语》多处记载孔子及其高弟的君子与小人之辨。据《论语·雍也》，孔子曾提醒子夏，要做君子儒，不做小人儒。孔子指出，君子的人格境界、修养进路和行为准

则是："志于道，据于德，依于仁，游于艺。"(《论语·述而》)
"君子义以为质，礼以行之，孙（逊）以出之，信以成之。"
(《论语·卫灵公》)君子与百姓是有差别的。作为管理者的君子
与被管理者的百姓之间的关系是：

　　君子惠而不费，劳而不怨，欲而不贪，泰而不骄，威而
不猛。

　　因民之所利而利之，斯不亦惠而不费乎？择可劳而劳之，
又谁怨？欲仁而得仁，又焉贪？君子无众寡，无大小，无敢
慢，斯不亦泰而不骄乎？君子正其衣冠，尊其瞻视，俨然人望
而畏之，斯不亦威而不猛乎？（《论语·尧曰》）

　　孔子肯定君子的物质利益要求和食色欲望的满足，只是要
求取之有道，节之以礼。"君子喻于义，小人喻于利。""富与
贵，是人之所欲也，不以其道得之，不处也；贫与贱，是人之
所恶也，不以其道得之，不去也。君子去仁，恶乎成名？君子
无终食之间违仁，造次必于是，颠沛必于是。"（《论语·里仁》）
"君子食无求饱，居无求安，敏于事而慎于言，就有道而正焉，

（南宋）李迪绘《九鹩图》

图中描绘水泽边的鸟禽活动景象。画题虽为"九鹩"，但画中鸟禽实非"鸠鹩"，而是鹭鸶。九只鹭鸶，隐喻《论语》中的"君子有九思"。

可谓好学也已。"（《论语·学而》）在这个意义上，"君子谋道不谋食""忧道不忧贫"（《论语·卫灵公》）。以上是孔子对君子人格的基本描述，也是君子内在自觉的要求。

（四）圣人之境

历史上被尊奉为"圣"或"圣人"的，都是后死者对前人的追封。孔子说："圣人，吾不得而见之矣；得见君子者，斯可矣。"（《论语·述而》）有操守的君子是现实中人，而圣人则是理想中人。郭店楚简《五行》指出，"圣"德是圣与仁、义、礼、智五德之所和，属于天之道的境界；仁、义、礼、智四德之所和，属于人之道的范畴。又说："闻君子道，聪也。闻而知之，圣也。圣人知天道也。"（荆门市博物馆《郭店楚墓竹简》）

　　按，这里"闻君子道"的"君子"，实指圣人。现实的人们与理想的圣人之间有时空的阻隔，二者相接，是通过耳的听闻、气的感应、心的沟通。"聖"（圣的繁体）字从耳，不仅凸显圣人的听德，指能够容受逆耳之言（耳顺），而且表示人们与圣人相感通的路径——接受音乐、乐教的熏陶，通过耳闻，进入心灵。听是天赋的能力，胎儿在娘肚子里就有听觉。

　　"仁人"是什么样的人呢？

　　孔子思想的核心范畴是"仁"。"仁"字的内涵有层次的区别，高一层次的"仁"可以统摄与"义""礼""智""信"并列的低一层次的"仁"。就前者而言，《中庸》引述孔子的话说："仁者，人也。"在儒家看来，"仁"和"仁人"是人的最高精神境界，也是人之所以为人的最高标准，是最高的道德原则。

孔子从不轻许人（包括他自己）为"仁"："若圣与仁，则吾岂敢？"（《论语·述而》）在特定的语境中，孔子视"圣"与"仁"为同一境界。他答子张之问，指出令尹子文只能算是"忠"，陈文子只能算是"清"，尚未达到"仁"之境。对于他的学生，如子路、冉有、公西华，他肯定其才，但未期许为"仁"（《论语·公冶长》），评价他最称道的颜回亦只到这种程度："其心三月不违仁。"（《论语·雍也》）对于政治家，他只肯定管仲"如其仁"（《论语·宪问》）。他对管仲之违礼有严厉的批评，但承认管仲帮助齐桓公"九合诸侯，不以兵车"，避免了生灵涂炭，在这个意义上接近了"仁"，然并不许管子为仁人。

有的论者批评孔子，说他既提倡"仁"，又常说这个人没有达到"仁"、那个人没有达到"仁"，那么"仁"有什么普遍性和现实性呢？产生这种误解，是不懂得"仁"在孔子那里，是有层次区别的。以上所引，是与"圣"等值等价的"仁"。至于"仁"的原则的普遍性和实践"仁"的现实性，如"樊迟问仁，子曰：'爱人'""为仁由己，而由人乎哉"（《论语·颜渊》）、"仁远乎哉？我欲仁，斯仁至矣"（《论语·述而》）等，都是显例，兹不赘述。

（五）"仁""圣"统一

"仁"与"圣"有什么区别和联系呢？

仁者的境界以"圣"（圣人、圣王）为最高。

子贡曰："如有博施于民而能济众，何如？可谓仁乎？"子曰："何事于仁，必也圣乎！尧舜其犹病诸？夫仁者，己欲立而立人，己欲达而达人，能近取譬，可谓仁之方也已。"（《论语·雍也》）

孔子的意思是，广泛地给百姓以好处，帮助大家，使他们生活得更好，让他们自己尊重自己，自己挺立自己的生命，这就已经达到了圣人的境界了，尧舜恐怕还做不到呢。

有的论者不解"立人""达人"之意，以为是外在性地施予。孔子强调"为仁由己"，强调儒家的学问是"为己之学"，因此所谓"己欲立而立人，己欲达而达人"，不是外在强加式的使别人立或达起来，而是创造一种气氛或环境，让人家自己站立起来、通达起来。我们不能代他人立、为他人达。我们想要通过自己挺立生命、通达人间，也要尊重别人，让他自己去挺立生命，通达人间。就这一点来说，尧舜都还没有做到。（王邦雄等《论语义理疏解》）

郭店楚简《尊德义》载："民可使道（导）之，而不可使知（智）之。民可道（导）也，而不可强也。"由此可以印证孔子所谓"民可使由之，不可使知之"（《论语·泰伯》），也是强调对民众的引导而不是强迫。庞朴认为，"不可使知之"，是不可强加于人，再好的主张，也只能在人民的理解中慢慢推行。（《"使由使知"解》）这与孔子的外王学主张是一致的。由此可见，就人格境界而言，仁与圣是统一的，圣是仁之极致的境界，仁是圣的内在精神，圣通过仁而下贯。

（六）"成人"

孔子还说到"成人"。

所谓"成人"，顾名思义是指完美的人。

子路问成人。子曰："若臧武仲之知，公绰之不欲，卞庄子之勇，冉求之艺，文之以礼乐，亦可以为成人矣。"曰："今

之成人者何必然？见利思义，见危授命，久要不忘平生之言，亦可以为成人矣。"（《论语·宪问》）

这是说，智慧像臧武仲，清廉像孟公绰，勇敢如卞庄子，多才多艺如冉求，再以礼乐来成就他的文采，也可以说是全人了。朱熹注：

> 成人，犹言全人。……言兼此四子之长，则知足以穷理，廉足以养心，勇足以力行，艺足以泛应，而又节之以礼，和之以乐，使德成于内，而文见乎外。则材全德备，浑然不见一善成名之迹；中正和乐，粹然无复偏倚驳杂之蔽，而其为人也亦成矣。（《论语集注》卷七）

"成人"是德才技艺兼备、全面发展的人。这是不是至善至美的圣人呢？按朱子的理解，孔子这里的一个"亦"字是大有文章的。此不是指极致之境，只是对子路因材施教，应机说法，就子路所可达到的人格目标加以点醒。上引文本本身也可以证明。

孔子并不把"成人"等同于至上境界的圣人，相反，他提醒子路注意，"成人"是在现实性上通过努力可以达到的贤人人格。由此，孔子把"成人"的标准修订为三条："见利思义，见危授命，久要不忘平生之言。""要"是"约"的借字，指穷困的意思。由程子和朱子的解释，可知理想的"成人"，再进一步成为集大成者，近乎完美无缺的圣人；而现实的"成人"指并不纯全完备者，例如"有忠信而不及于礼乐者"。我把后者视为"贤人"。

从《论语》中不难看出，"贤人"是富于道德或者才能的人，是人们在现实中可以"见"得到的人格榜样。所谓"见贤思齐"就是这个意思。孔子表彰颜回与柳下惠，许之为"贤"，可知他们即是"圣"的标准之下的"成人"。前面我已说过，圣人是"见"不到的人格典范，人们只能通过"耳"接受传闻、诗歌、乐教来体认。而贤人则不同，是可以"见"得到的人格典范。郭店楚简《五行》载："见贤人，明也。见而知之，智也。知而安之，仁也。"人们可以通过"目"直接接触贤人的德行，并以此为榜样。当然，人们对于圣人，可以听而不闻，对于贤人，可以视而不见，关键就是人的心灵能否感应，是否有觉识、觉解。综上所述，孔子的人格境界论本是在因材施教中的方便说法，意在启迪不同谈话对象的觉悟，其内涵十分丰富。如果以化约论的方式表达，约略相当于：

理想的至上境界：圣人（超越贤人人格的、理想的仁人与成人）——天道层

现实的理想境界：贤人（超越君子人格的、现实的仁人与成人）——人道层

现实的道德境界：君子（超越自然人的道德人）——人道层

但是圣人并不是遥不可及的，我们可以通过贤人体验、仿效圣德。凡圣之间并没有不可逾越之鸿沟。儒家传统中的"人皆可以为尧舜""途之人皆可以为禹"，是就凡人也具有圣贤的潜能来说的。只要有觉识觉解，只要有一点仁心，当下即可达到君子、贤人、圣人的境界。故孟子启导人皆具有恻隐、羞恶、辞让、是非等"四端"之心，或所谓"不忍人"之心，让人们以"推恩"的方法，"老吾老，以及人之老，幼吾幼，以及人之幼""以其所爱及其所不爱"，扩而充之，足以养育父

母妻儿，并且有益于社会，仰不愧于天，俯不怍于人。这其实是十分平实的道理。

七、学习的文明：为己之学

（一）为己之学

中国的文明被称为"学习的文明"，它主要是被儒家传承下来的，《论语》的开篇便是《学而》。孔子说："古之学者为己，今之学者为人。"（《论语·宪问》）他主张"为己之学"，认为学习的目的在于成就自己的道德人格。此处的"己"，即个人人格，而完全的人格即是仁。所谓"为己之学"，是说学习的目的在于提高自身的修养，学习是出于自己内在的兴趣。与"为己之学"相对的是"为人之学"，其目的是向别人炫耀自己的学问，而与自己的人格完善不相干，学习并不是出于完善自己人格的内在要求。"为己之学"与人的存在密切相关，它强调知行合一；而"为人之学"是与生命无关的外在性知识，是记问之学。

荀子发挥了孔子"为己之学"的说法，他说："君子之学也，入乎耳，箸乎心，布乎四体，形乎动静。端而言，蝡（蠕）而动，一可以为法则。"（《荀子·劝学》）君子学习，听在耳里，记在心里，表现在威仪的举止和符合礼仪的行动上。一举一动，哪怕是极细微的言行，都可以垂范于人。而"小人之学也，入乎耳，出乎口；口耳之间，则四寸耳，曷足以美

荀子彩像

清殿藏本

七尺之躯哉！"（《荀子·劝学》）小人学习是从耳听，从嘴出，口耳之间相距不过四寸而已，怎么能够完善他的七尺之躯呢？所以荀子接着说："古之学者为己，今之学者为人。君子之学也，以美其身；小人之学也，以为禽犊。"（《荀子·劝学》）古人学习是自身道德修养的需求，今人学习则只是为了炫耀于人。君子学习是为了完善自我，小人学习是为了卖弄和哗众取

宠，将学问当作家禽、小牛之类的礼物去取悦于人。

《学而》首句为"子曰：学而时习之，不亦说乎？"学的内容是礼、乐、诗、书等古代文化遗产。这些内容大多与个人道德、社会生活密切相关，所以要"时习之"，即在一定的时候练习、实践。可见，孔子所说的"学习"不仅是一种知性活动，同时也是一种实践活动。孔子在谈到知识教育和道德实践的关系时说："弟子入则孝，出则弟，谨而信，泛爱众，而亲仁，行有余力，则以学文"。（《论语·学而》）显然，道德实践是第一位的，知识教育是第二位的。虽然"学"的直接对象是古代的文化遗产，但是其目标则是道德实践。

源自西方的现代教育注重知识传授，以成为专家（成才）为目的；中国传统教育则以德性教育为本，以成就人格（成人）为目的。孔门虽分四科，但以德行为首，言语、政事、文学皆其次。按照钱穆先生的说法，知识为后天获得，"供人生部分之用"；德性由先天传来，"占人生之全部分"。"故德性教育必求共同普及，知识教育乃可分别授受。今人竞言自由、平等、独立，惟德性乃自由，又平等，能独立。知识则无自由平等独立可言。"（钱穆：《略论中国教育学》）以"学以为己"为根本宗旨的传统儒家式教育，是一种人文主义的博雅教育。

（二）有教无类

孔子提倡"有教无类"，主张人人都可以受到教育。春秋以前，学在官府，学校教育全为世袭贵族所把持，只有贵族及其子弟才能受教育，教育是"有类"的。春秋时期，"天子失官，学在四夷"（《左传·昭公十七年》），学术文化下移，孔子设坛授徒，开启私人讲学的传统。他主张人不分贵贱、智愚、地域，均可入学受教。"有教无类"思想的实施，不仅打破了贵族对文化教育的垄断，同时也加速了学术下移的进程，扩大了教育范围，促进了华夏文化的传播和发展。孔门弟子弥众，遍及鲁、卫、吴、陈、齐等诸侯国，来自不同的社会阶层，具有不同的文化背景，受教于孔子思想发展的不同时期，有着不同的性格和志趣，他们的思想倾向也并不完全一样。

孔子取人以宽。孟子"设科"，也是"往者不追，来者不拒"。据《荀子·法行》，南郭惠子问于子贡："夫子之门，何其杂也？"子贡回答："君子正身以俟，欲来者不拒，欲去者不止，且夫良医之门多病人，檃栝之侧多枉木，是以杂也。"子贡的意思是，君子端正身心以待来学者，欲来的人从不拒绝，想走的人也不阻止。就像良医门前多病人，矫木工具旁边多曲木，夫子的弟子自然庞杂。"夫子之门杂"正是孔子"有教无类"的具体体现。

孔子是第一个打破贫富、贵贱、智愚、善恶等因素的限制，而将教育平等的思想贯彻于教育实践之中的大教育家。纵然学生亲疏贵贱有不同，他等而对待，如孔子对自己的儿子孔鲤，也保持距离，并不偏爱他，不开小灶，和普通学生并没有什么两样；又如对出身富贵、贫贱的弟子，也不区别对待。孔门弟子年龄大小有不同，如曾点、曾参是父子，还有的弟子之间的年龄差距更大；来自地域有不同，遍布各个诸侯国；天资禀赋有不同，如有的聪颖、有的愚钝；品行高下有不同，如不改其乐的颜回、白天睡大觉的宰我。孔子莫不一视同仁，悉心教导，即便被孔子批评过的宰我也最终序列四科。

（三）学而知之

孔子一生好学不已，诲人不倦。他有一系列的人性修养方法、教育方法、思想方法，并提出了方法论的诸原则。孔子主张立志有恒、克己内省、改过迁善、身体力行。他提倡学无常师，要善于向别人学习："三人行，必有我师焉。择其善者而从之，其不善者而改之。"（《论语·述而》）这包括观察、学习别人正反面的经验。他很虚心，"每事问"，又提倡老实坦诚的学风："知之为知之，不知为不知，是知也。"（《论语·为政》）"敏而好学，不耻下问，是以谓之文也。"（《论语·公冶长》）

孔子主张学习与思考相结合："学而不思则罔，思而不学则殆。"他强调多闻多见，善于存疑，不匆忙下结论，不盲干："多闻阙疑，慎言其余，则寡尤；多见阙殆，慎行其余，则寡悔。"《论语·为政》此句是说：多听多看，有怀疑的地方则加以保留，其余有把握的部分则谨慎地说出或实行，就能减少错误与懊悔。他又重视知行合一，强调学习要反复温习与实践："学而时习之""温故而知新"。

下面，我们就《论语》的文本从"学而知之"的角度，具体谈谈孔子的教育思想与实践。孔子一生的教育教学活动，正是在"学而知之"思想的指导下进行的。

孔子看重教育对人性培养与发展所起的作用，他说："性相近也，习相远也。"（《论语·阳货》）就"性"与"习"比照，他肯定人的品质差异往往在"习"而不在"性"，认为后天文化教育环境使人与人之间有了较大的差别。这是"有教无类"和"举贤才"思想的人性论根据。教育是一种有目的、有计划、有导向的环境影响，它的力量比一般自发的环境影响的力量更强。这就肯定了后天教育的必要性和可能性，无论道德教育、知识教育都是如此。

"性相近"说明人皆有成德的可能性，"习相远"则凸显教育的重要性。因此孔子主张"学而知之"，他认为只有学习才能让人性得到完善和发展。无论就经验知识之知或道德之知来说，主要还是靠后天的习得与反复训练，不断解蔽。在知性、德性两方面，孔子向慕古代圣贤的人格和文化遗产典籍，勤奋敏捷地学习、体验。以下几则引文集中讲到了孔子"学而知之"之论。

1. 子曰："生而知之者，上也；学而知之者，次也；困而学之，又其次也；困而不学，民斯为下矣。"（《论语·季氏》）

2. 或生而知之，或学而知之，或困而知之，及其知之一

也。(《中庸·第二十章》)

3. 子曰："我非生而知之者，好古，敏以求之者也。"(《论语·述而》)

第 1 则引文是说：生来就知道的是上等；学习然后知道的是次等；经历困境后才知要学的，又次一等；遇到困难仍然不学的，则是下等。第 2 则引文则表示，虽然人的资质有高下之分，但是通过不同的途径，掌握到的知识却是一样的。在第 3 则引文中，孔子说自己并非生而知之，而是爱好古代文化，通过勤奋学习获得知识的。

孔子"学而知之"的主张，与其"生而知之""唯上知与下愚不移"(《阳货》)等说法，看似扞格不入，两相抵牾。其实，在儒家的语境中，才德全尽的圣人方为"生而知之者"。圣人是"人伦之至"(《孟子·离娄上》)，乃人格的典范。虽然儒家主张"即凡而圣"，但圣人并非直接就是现实生活中的人。孔子说"若圣与仁，则吾岂敢"(《论语·述而》)，他从不认为自己是圣人。

此外，孔子所谓"困而不学"，并不是说此类人天生就没有学习能力，而是说他们即使处在困顿之中也不愿意学习。这是他们主观意愿的问题，而非客观资质的问题。可见，"困而不学"与"学而知之"并不是矛盾的。最后，"唯上知与下愚不移"的说法，孔子是就当时的社会现实而言的，孔子认为"礼"是社会秩序的集中体现，社会上不同的人不可僭越他所在阶层的礼制。就遵从本阶层的礼制这一点而言，孔子无疑是主张不移的。这类似"不在其位，不谋其政"（《论语·泰伯》）的说法。

孔子有著名的"六言""六蔽"说，主张以"学"来防偏救弊。所谓"六言""六蔽"是指六种品德和六种弊病，由正面的品德沦为负面的弊病正是不学导致的。据《论语·阳货》：

子曰："由也！女闻六言六蔽矣乎？"对曰："未也。""居，吾语女。好仁不好学，其蔽也愚；好知不好学，其蔽也荡；好信不好学，其蔽也贼；好直不好学，其蔽也绞；好勇不好学，其蔽也乱；好刚不好学，其蔽也狂。"

孔子此说大意为，爱好仁德却不爱学问，其弊病是易遭人愚弄；爱耍聪明却不爱学问，其弊病是放荡不羁；爱好诚信却不爱学问，其弊病是容易被人利用，反而伤害自己；爱好直率却不爱学问，其弊病是说话尖刻，刺痛人心；爱好勇敢却不爱学问，其弊病是胆大妄为。当然"学"并不限于知识探求，它一定要转化为道德实践。儒学是生命的学问。严格说起来，儒学不是外在性、对象性的客观知识，而是真实生命的呈现。中国先圣先贤的哲学思想与他的生命活动是合一的，他的一生都在践履他的思想，或者说他的哲学需要他生活于其中。对受教者而言，学习不仅是知识的获取，也是人格的践履。

八、教育方法

（一）因材施教

孔子还创造了因材施教的教学方法，即从每个学生的性情、学习程度、实际水平、专长、偏好和优缺点出发，因人因时而异，运用启发诱导方法，有针对性地教育帮助并调动他们学习的主动性和积极性。同样问仁、问孝，孔子针对不同的学生有不同的答复。他不仅启发开诱学生的智力，还注重启发开诱学生内在的德性。

人的本性相近，但人与人之间难免会有个体差异，"因材施教"即是根据弟子们的不同材质，施予不同的教育方法。即使是对待同一问题，孔子也会根据每个学生的不同情况和提问时的不同境遇，随机点拨，作出不同回答。以下几则引文颇能说明孔子"因材施教"的理论及其实践。

1. 柴也愚，参也鲁，师也辟，由也喭。（《论语·先进》）

2. 季康子问："仲由可使从政也与？"子曰："由也果，于从政乎何有？"曰："赐也，可使从政也与？"曰："赐也达，于从政乎何有？"曰："求也，可使从政也与？"曰："求也艺，于从政乎何有？"（《论语·雍也》）

3. 闵子侍侧，訚訚如也；子路，行行如也；冉有、子贡，侃侃如也。子乐。"若由也，不得其死然。"（《论语·先进》）

4. 子路问："闻斯行诸？"子曰："有父兄在，如之何其闻斯行之？"冉有问："闻斯行诸？"子曰："闻斯行之。"公西华曰："由也问闻斯行诸，子曰'有父兄在'；求也问闻斯行诸，子曰'闻斯行之'。赤也惑，敢问。"子曰："求也退，故进之；由也兼人，故退之。"（《论语·先进》）

前3则引文颇能说明孔子对其弟子不同材质的深切认识。第1则说，子羔愚直，子舆迟钝，子张偏激，子路鲁莽，四人性格迥异，这是从个性差异着眼。第2则中，季康子问子路、子贡、子有三人能否治理政事，孔子说子路果敢决断，子贡通情达理，子有多才多艺，三人各有所长，他们处理政治事务没有任何困难，这是从个人素质着眼。

第3则是从个人内在的道德修养，以及由此展现的外在的容止风度的角度来谈弟子的差异。子骞侍立在孔子身旁，是恭敬而正直的样子；子路是勇毅刚强的样子；冉有、子贡是温和而快乐的样子。三类气质不同，各有特色。孔子很高兴，但又担心子路可能因此而不得善终。据《史记·仲尼弟子列传》："子路性鄙，好勇力，志伉直，冠雄鸡，佩豭豚，陵暴孔子。孔子设礼稍诱子路，子路后儒服委质，因门人请为弟子。"子

（明）仇英绘《子路问津》

路性情粗朴，喜欢逞勇斗力。他头戴雄鸡式的帽子，佩戴宝剑，曾经凌暴孔子。孔子用礼乐慢慢地诱导他。后来子路穿着儒服，带着拜师的礼物，通过孔子的门人请求做孔子的学生，最终成为孔门高足。

子路很可爱。他的率直在《论语》中多有记载，如他敢于对孔子提出批评，在师友言谈中敢于率先发言等。孔子曾表扬他说："穿着破烂的旧丝绵袍子和穿着狐貉裘的人一道站着，一点都不觉得惭愧的，恐怕只有子路吧。"还有一次，孔子表扬颜回，子路马上说："子行三军，则谁与？"意思是说，您要做三军统帅的话，找谁来共事啊？言外之意是，那肯定是我吧。孔子说："赤手空拳和老虎搏斗，不用船只去渡河，这样死了都不后悔的人，我是不与他共事的。我想找的人是，面临任务便恐惧谨慎，善于谋略而能完成事业的人。"也正是基于对子路好勇个性的深刻认知，孔子引导他要将伸张正义的大勇与一般的逞勇好斗区分开。他问："君子尚勇乎？"孔子回答说："君子义以为上。君子有勇而无义为乱，小人有勇而无义为盗。"（《论语·阳货》）这是告诫他：君子只有勇没有义，就会捣乱造反；小人只有勇没有义，就会做土匪盗贼。

第 4 则是孔子因材施教的生动说明。子路问："听到了就该去做吗？"孔子回答："家有父兄在，怎么能一听到了就去做呢？"冉有问："听到了就该去做吗？"孔子回答："听到了就该去做。"公西华问："仲由问听到了就该去做吗，您说有父兄在；冉求也问听到了就该去做吗，您说听到了就该去做。（两个人问题相同，而您的答复相反，）我很困惑，大胆再问问。"孔子说："冉求总是退缩，所以我鼓励他；仲由好勇过人，所以我约束他。"这段对话充分地体现了孔子因材施教的思想。《论语·先进》中弟子问仁，孔子从不同侧面给予回答，也是"因材施教"的突出例子。重视人的材质的差异，是"因材施教"原则的理论基础。

　　《论语·颜渊》记载颜渊、仲弓、司马牛、樊迟分别向孔子请教什么是"仁"，孔子有不同的回答。兹引如下。

　　颜渊问仁。子曰："克己复礼为仁。一日克己复礼，天下归仁焉。为仁由己，而由人乎哉？"颜渊曰："请问其目。"子曰："非礼勿视，非礼勿听，非礼勿言，非礼勿动。"颜渊曰："回虽不敏，请事斯语矣。"

颜渊问仁德。孔子回答说："抑制自己，按照礼的要求去做，就是仁。一旦做到克己复礼，天下的人都会称许你是仁人。实践仁德，全凭自己，难道还能依靠别人吗？"颜渊接着问："请问实践仁德的具体途径？"孔子说："不符合礼制的事不看，不符合礼制的话不听，不符合礼制的话不说，不符合礼制的事不做。"颜渊说："我虽然迟钝，但一定照着您的话去做。"颜渊在德行科，故孔子的回答落在道德品行、人格修养方面。

　　仲弓问仁。子曰："出门如见大宾，使民如承大祭。己所不欲，勿施于人。在邦无怨，在家无怨。"仲弓曰："雍虽不敏，请事斯语矣。"

仲弓问什么是仁。孔子回答说："出门工作好像去接待贵宾，治理百姓好像承担重大祭祀，都得严肃认真，小心谨慎。自己不喜欢的事物，不要强加给别人。在诸侯国做事没有怨恨，在卿大夫家做事也没有怨恨。"仲弓说："我虽然迟钝，但一定照着您的话做。"仲弓有南面之才，故孔子的回答落在政治方面。

司马牛问仁。子曰："仁者，其言也讱。"曰："其言也讱，斯谓之仁已乎？"子曰："为之难，言之得无讱乎？"

司马牛问仁德。孔子回答说："仁人，他的言语迟钝。"司马牛又问："言语迟钝，就是仁了吗？"孔子说："做到这一点不容易，说话能够不迟钝吗？"司马牛"多言而躁"，孔子提醒他少说话，少发牢骚。

樊迟问仁。子曰："爱人。"问知。子曰："知人。"樊迟未达。子曰："举直错诸枉，能使枉者直。"樊迟退，见子夏。曰："乡也吾见于夫子而问知，子曰：'举直错诸枉，能使枉者直'，何谓也？"子夏曰："富哉言乎！舜有天下，选于众，举皋陶，不仁者远矣。汤有天下，选于众，举伊尹，不仁者远矣。"

樊迟问什么是仁。孔子回答说："爱人。"樊迟又问什么是智。孔子说："善于鉴别人物。"樊迟没有明白。孔子说："把正直的人提拔出来，位置在奸邪的人之上，就能使奸邪的人正直起来。"樊迟告退，见到子夏，说："刚才我见到老师问他什么是智，老师说'把正直的人提拔出来，安置在奸邪的人之上，就能使奸邪的人正直起来'是什么意思啊？"子夏说："这话多么丰富呀！舜得了天下，在众人中选拔人才，把皋陶选拔出来，坏人就难以存在了。汤有了天下，在众人中选拔人才，把伊尹选拔出来，坏人就难以存在了。"樊迟兴趣广泛，他问"仁"、问"知"，问"崇德、修慝、辨惑"等，除了此类道德、学问的问题，他还曾向孔子请教"学稼"和"学为圃"，可见他所学、所问较驳杂，故孔子有上述的回答。

对待同一或同类问题（如仁德，如政治），孔子会根据每个提问者不同的情况（如资质、性格、经历、能力、心理特点、思维状况等）和提问时的不同境遇，随机点拨，作出不同的回答或提示。这种个性化教育和个性化教学，至今仍有着重要的现实意义。

（二）启发式教学

孔子主张"下学而上达"，即通过知识的积累，在道德实践中证知天命。其"五十而知天命"之说，实际上正是对蕴藏于自己生命内的道德性的自觉。"他的知天命，乃是对自己的性、自己的心的道德性，得到了彻底的自觉自证。孔子对于天、天命的敬畏，乃是由'极道德之量'所引发的道德感情，而最高的道德感情，常是与最高的宗教感情，成为同质的精神状态。"只有当孔子在自己的生命中有了这种体证，感觉到自己的生命是与天命连接在一起的，他才会说"天生德于予，桓魋其如予何"（《论语·述而》），"天之未丧斯文也，匡人其如予何"（《论语·子罕》）之类的话。天赋予人的道德性，一经自觉便会呈露，即能对于人的生命予以基本的规定，而成为人之所以为人之性。这便是天命与性的合一。（徐复观：《中国人性论史·先秦篇》）孔子天道性命的思想具有超越义，涵盖终极关怀的层面，儒者积极有为的担当意识和超越生死的洒脱态度正源于此。

既然仁德是每个人内心都有的，那么教育便不是将一套与其生命无关的外在性知识灌输给受教者，而是引导、启发他认识到自身内在的德性，并努力去践行之、扩充之。所以孔子提倡启发式教学。他说："不愤不启，不悱不发，举一隅不以三隅反，则不复也。"(《论语·述而》)朱子注云："愤者，心求通而未得之意。悱者，口欲言而未能之貌。启，谓开其意。发，谓达其辞。物之有四隅者，举一可知其三。反者，还以相证之义。复，再告也。"(《四书章句集注》)孔子的意思是，学生如果不是经过冥思苦想而又想不通时，就不去启发他；如果不经过思考并有所体会，想说却说不出来时，就不去开导他。如果他不能从一件事情类推而知道其他许多事情，就先不要往下进行了。

钱穆先生说："教育重在教人，但尤重在教其人之能自得师。最高的教育理想，不专在教其人之所不知不能，更要乃在教其人之本所知本所能。外面别人所教，乃是我自己内部心情德性上所本有本能。"(《中国教育制度与教育思想》)孔子是启发式教学的首创者，这种教学方法对后世产生了十分深远的影响。启发式教学强调对学生加以引导，而不强牵着学生走，主张鼓励而不抑制学生的进取精神。

据《论语·学而》，子贡问孔子："贫穷却不巴结奉承，有钱却不骄傲自大，怎么样？"孔子回答说："可以了。但是还不如贫穷却乐于道，有钱却谦虚好礼呢。"子贡接着问："《诗经》上说，'如切如磋，如琢如磨'即'要像对待骨、角、象牙、玉石一样，先开料，再粗锉、细刻，然后磨光。'是这样的意思吧？"孔子很高兴地说："赐啊！现在可以同你讨论《诗经》了，告诉你一件事，你能有所发挥，举一反三了。"

又据《论语·八佾》，一次，子夏问孔子："'巧笑倩兮，美目盼兮，素以为绚兮。'何谓也？"女孩子美的笑容，酒窝微动；美的眼睛，黑白传神；洁白纸上，颜色灿烂。这是什么意思？孔子说"绘事后素"，即先有白色底子，然后绘画。比喻有良好的质地，才能进行锦上添花的加工。子夏说："那么礼在后吗？"孔子说："启发我的是你呀，这样才可以与你讲诗了。"

与上述启发式教学相联系，孔子善于有步骤地引导学生。颜渊喟然叹曰："仰之弥高，钻之弥坚；瞻之在前，忽焉在后。夫子循循然善诱人，博我以文，约我以礼，欲罢不能。既竭吾才，如有所立卓尔。虽欲从之，末由也已。"（《论语·子罕》）在颜渊眼中，孔子之道，越仰望，越显得高远，越钻研，越显得精深。看着似乎在前面，忽然又到后面去了。虽然这样高深和不容易捉摸，可是孔子善于有步骤地诱导弟子，用各种文章典籍来丰富他们的知识，又用一定的礼节规范来约束其行为，使学生想停止学习都不可能。

孔子并不是把现成的知识和盘托出，而是常常给学生留下思考的余地。他说："学而不思则罔，思而不学则殆。"（《论语·为政》）只是读书，却不思考，就会越学越糊涂；只是空想，却不读书，那也是大糊涂。获取知识的过程，同时也是思维获得训练的过程。《论语》中"举一反三""闻一以知二""闻一以知十""告诸往而知来者"，讲的都是施教者的"善诱""启发"，学生由此而自求、自省、自得、触类旁通的道理。

孔子本人学无常师。《论语·子罕》中记载："子绝四：毋意，毋必，毋固，毋我。"这就是所谓的"四毋"。绝，是消除干净的意思。这句话是说：孔子消除了四种毛病，即不凭空揣测，不主观武断，不固执己见，不自以为是。孔子说："三人行，必有我师焉。择其善者而从之，其不善者而改之。"（《论语·述而》）人要善于自省，明于外察，取人之长，补己之短。

孔子主张"不耻下问"，即使是向地位比自己低、学识比自己少的人请教，也没有什么好羞耻的。孔子曾问礼于老聃，访乐于苌弘，问官于郯子，学琴于师襄。《论语》中多次记载孔子和弟子之间相互辩论、相互启发的场景，真可谓师生一体，教学相长。他诲人不倦，且和蔼可亲、平易近人，并非高高在上。孔子说："当仁，不让于师。"虽然儒家强调师道尊严。但是，在仁德面前，即使在老师面前，也不必谦让。仁德是第一位的，它是衡量一切是非善恶的最高准则。

九、生命体验与成就人格

（一）师生互动　在做事中做人

这在《论语》中有很多记载。孔子的志向，可以通过他与弟子的对话来表达。

颜渊、季路侍。子曰："盍各言尔志？"子路曰："愿车马、衣轻裘，与朋友共，敝之而无憾。"颜渊曰："愿无伐善，无施劳。"子路曰："愿闻子之志。"子曰："老者安之，朋友信之，少者怀之。"《论语·公冶长》

前面讲过，据《论语·先进》记载，子路、曾皙、冉有、公西赤（公西华）四弟子，陪孔子坐，聊天。孔子问何不说说你们各自的志向？刚强果敢的子路、多才多艺的冉求、喜爱礼仪的公西华都给出了积极入世的回答。

孔子问曾点，"点！尔何如？"曾点是这样回应的：

鼓瑟希，铿尔，舍瑟而作。对曰："异乎三子者之撰。"子曰："何伤乎？亦各言其志也。"曰："莫春者，春服既成。冠者五六人，童子六七人，浴乎沂，风乎舞雩，咏而归。"夫子喟然叹曰："吾与点也！"

孔子经过匡地，因为样子长得像，匡人以为他是鲁国的阳虎。阳虎曾经残害过匡人，匡人于是就扣留了孔子。孔子在匡被拘留了五天。颜渊落在了后面，见到孔子后，孔子对他说："我以为你死了。"颜渊说："您健在，我怎么敢先死！"后来，情况愈发紧急，弟子们感到很恐惧。孔子却大义凛然，脱口而出："周文王死后，传承文化的重任不全都在我肩上吗？上天如果是要毁灭这种文化，那我也不会掌握这些文化了。上天若是不想断绝这一文化，匡人能把我怎么样！"

孔子后来去了宋国，与弟子在大树下演习、操练礼仪。宋国司马桓魋（向魋）想要杀死孔子，拔了那棵大树。弟子们对他说："您要赶快走啊！"孔子说："我有天命在身，桓魋能把我怎么样！"孔子自嘲像丧家之犬。尽管如此，孔子不愿隐居山林，他说："我是不会归隐的，我要与天下人一起，正因为天下无道，我才要推行道。"他又不放弃原则，尽管到各诸侯国都碰壁，但他仍坚持以理想批判现实，切中诸侯国的弊病。

孔子与众徒在陈国、蔡国时，被围困在郊野。师生们无法前行，断绝了粮食，弟子们饥肠辘辘，满面菜色，苦不堪言。但孔子仍讲习诵读，演奏歌唱，传授诗书礼乐，毫不间断。弟子中性格最直率的子路责问老师："君子怎么也有穷困潦倒的时候？"孔子说："君子就是君子，只有君子才能守住贫穷，不会因为处境而动摇志向，不会因为穷困而变节。"

孔子与弟子们在人生实践中学习，学以致用，在做人中做事，在做事中做人。弟子们在与孔夫子的朝夕相处中，以老师为楷模，注重学习夫子困顿中所表现出的精神，这是最好的人生哲学，可以受用。

（二）经师易得　人师难求

中国传统的儒家教育有"只闻来学，未闻往教"（《礼记·曲礼》）之说。"来学者之于其师，自称门人弟子。其传师说，乃称家言。而为师者非著书立说以为教，乃一如家人之日常相处以为教。其相与语亦即日常相处语，而深意存焉。如读《论语》可知。《论语》乃孔子弟子记其师说，不仅见孔子之学，乃更见孔子其人。"（钱穆《略论中国教育学》）

经师易得，人师难求。经师很容易找到，人师则难以遇见。所谓经师是指单纯传授知识的老师。这样的老师以传授某种特定知识或专业技能为目标。所谓人师，是指道德学问等各方面都可以为人表率的老师。这样的老师，不仅学识渊博，而且师德高尚，能以自身的人格魅力去感化、影响，甚至塑造学生的人格。

前面讲过，孔子所提示的人格是君子人格。他主张："君子不器。"（《论语·为政》）朱子注曰："器者，各适其用而不能相通。成德之士，体无不具，故用无不周，非特为一才一艺而已。"（《四书章句集注》）君子不像只有一定用途的器皿，而是博学多识的成德之士，通过学问思辨、修身践行而上达天命，君子通才达识，不囿于一技之长，不局限于某一方面，也就是"下学上达"。孔子说："不怨天，不尤人，下学而上达。知我者其天乎！"（《论语·宪问》）天不仅是一切价值的源头，也是人可以上达的境界。天命下贯而为人的"性"，人本着自己的天性，在道德实践的工夫中可以内在地达到这一境界。作为有限的存在，人能否尽人事、达天命，自然会受到时空条件的限制。但人只要遵从天性，坚持不懈地努力，终究能接近终极目标，得到上天的理解。

所谓"下学"的"学"，即是孔子所说的"学而时习之"的"学"。虽然它与追求专门知识的"学"，都是从累积经验开始的，但是它们有本质的差别：追求专门知识的学，是以成专家为目的，并无德性修养的意味；"下学而上达"的学，纵然也是从日常生活的实际经验着手，但它以上达天德为最终目标。后者的作用是将知识消化于生命，转化为生命所具有的德性。虽然"下学"的范围极为广泛，礼、乐、射、御、书、数之类均包含在内，但在学习期间却无成为某方面专家的企图，念兹在兹的是转智成德，即将经验知识转化为内在的德性。

（牟宗三《中国哲学的特质》）"为己之学"以成德为目标，但它并不简单地排斥知识之学，它当然重视知识的积累，不过它不以成为专门的学问家为目的，而是以成就道德人格为依归。

冯友兰先生说："有各种的人。对于每一种人，都有那一种人所可能有的最高的成就。例如从事于实际政治的人，所可能有的最高成就是成为大政治家。从事于艺术的人，所可能有的最高成就是成为大艺术家。人虽有各种，但各种的人都是人。专就一个人来说，所可能有的最高成就是成为什么呢？照中国哲学家们说，那就是成为圣人，而圣人的最高成就是个人与宇宙的同一。"（冯友兰《中国哲学简史》）如果说"成为某种人"对应的是成才教育，那么"成为人"对应的是成人教育。毫无疑问，儒家的成德之教是成人的教育。

在传统社会，受教育者的人数毕竟有限，教育不可避免地具有一定的精英主义色彩，那些有幸受到教育的人，本来就处在社会的精英阶层，他们根本用不着为自己的生计操心，当然不需要像一般民众那样学习一技之长。可在现代社会，受教育不再是少数人的专利，教育普及化程度已经非常高，而且社会分工愈来愈细，这导致现代教育愈来愈偏重专门的知识教育，源自西方的分科式教育大行其道，分科范围越来越狭小，因此造成了分科的单一化、知识的平面化等诸多问题。

说现代教育忘掉了"人"绝非耸人听闻，但我们在成为某种人之前，毕竟先要成为人。这里的"先"显然是逻辑上而非时间上的先。当然，这并不意味着我们只成为人，而不成为某种人。毫无疑问，二者是不可偏废的，只是成人教育与成才教育的本末、主从顺序不能颠倒。

十、儒学的历史地位

（一）儒家奠定了中国文化精神

儒者是继承周公、孔子之道，讲述六经之学的学者和教师，活跃于民间社会，他们是社会良知的代表，以其社会理想、道德价值、人文精神，鞭笞、批判现实的污浊黑暗，关心老百姓的生计、疾苦，以仁爱礼乐文明的精神滋养社会道德，纯洁人们的心灵。

春秋末年到战国时，各国当政者都不接受儒学，视其为迂阔之学。汉初，刘邦改变了打天下时对儒生的痛恨，开始亲和儒学。在承平时期，为了治天下，汉武帝及以后的统治者将目光转向儒学。由于儒家善于继承传统文化、典章制度并顺应时代加以因革损益，平易合理，朝野都能接受，于是汉代逐步改以文治为主，更多地以温和的方式，用制度化的建设来治理社会。特别是，儒家所强调的仁、义、忠、恕之道及其内在的价值，使社会秩序得以维系，足以内裕民生而德服周边。所以，在先秦诸子各家学说中，唯有儒学被汉帝国最终选定为治国平天下的统治思想，尔后直至清代莫不如此。

孔子开创的儒学在战国、两汉、魏晋至唐宋元明清，从不同的方面得到发展，其中包括诸种风格、流派与不同的代表人物及思想内容。儒学成为中国文化的主要思想形态之一，又与诸子百家、佛教、道教相互批评且不断融合。

社会文化史与孔子启其端的儒学史是相辅相成、相交相融的。儒家发挥了周公、孔子以来的人文主义精神，在中国传统民间社会中，影响最大。儒学的最高信仰和终极理想，可以用"天人合一""性道合一"的命题来加以表达。儒学是一个不断与时俱进的活传统，是中国现代化的重要精神资源和现代人安身立命的根据。

中国文化精神与民族性格主要是由儒家奠定和陶养的。就整部中国历史来说，中国社会是四民（士、农、工、商）社会，士为四民之首。士的变动可以影响到整个社会的变动。士代表、弘扬、实践、坚守了中国人的人文理想，担当着中国社会教育与政治之双重责任。钱穆先生说："此士之一流品，惟中国社会独有之，其他民族，其他社会，皆不见有所谓士。士流品之兴起，当始于孔子儒家，而大盛于战国，诸子百家皆士也。汉以后，遂有士人政府之建立，以直迄于近代。"钱穆指出，中国古代社会有一个很特殊的地方，不需要教堂牧师和法堂律师，而形成一种绵延长久、扩展广大的社会。

这靠什么呢？主要靠中国的人与人之道，靠"人""人心""人道"等观念，靠士在四民社会中的作用及士之一流品的精神影响。"孔子之伟大，就因他是中国此下四民社会中坚的一流品之创始人。"中国古代社会，从乡村到城市乃至政府都有士。这个士的形成，总有一套精神，这套精神维持下来，即是"历史的领导精神"。"中国的历史指导精神寄在士的一流品。而中国的士则由周公、孔、孟而形成。我们即由他们对于历史的影响，可知中国历史文化的传统精神之所在。"（钱穆：《民族与文化》）指导中国不断向前的精神被钱穆称为"历史的领导精神"。他通过详考历史、对比中外，肯定地指出，士是中国社会的领导中心，一部中国历史的指导精神寄托在士的一流品，一部中国历史主要是由儒家精神——由周公、孔子、孟子培育的传统维系下来的。

中国"历史的领导精神"即是人文精神、重视历史的精神、重视教育的精神和融和合一的精神。这些精神来源于五经。

（二）儒学的生命力仍在民间

儒家学说，不仅是天、地、人、物、我协调发展的理论，不仅有助于保护人类生存的生态环境，而且在人文精神沉沦的今天，有助于解决人的精神安顿与终极关怀的问题。现代人的心灵缺乏滋养，人们的生命缺乏寄托。而现代化的科技文明并不能代替现代人思考生命与死亡等问题的意义和价值。

儒学的生命力仍在民间。儒学本来就具有平民性格，是民间学术。几千年来，它代表着社会的良知，担当着社会的道义，以道统，即以其"历史的领导精神"，制约、指导着政统与治统。其依托或挂搭处则是民间自由讲学。随着我国工商现代化的发展，民间空间渐大，书院、民间研究所、民间同人刊物的兴盛已是必然的趋势。儒学一定能适应现代生活的发展，返回于民间，扎根于民间。今天，我们亦需要做类似由五经传统向四书传统转移那样的努力。儒学精神的现代转化一定会取得成功。

孔子所开启的儒学在现代社会的创造性转化有助于促进自然、社会、人生的和谐发展，克服民族乃至人类素质的贫弱化和族类本己性的消解。一个人、一个族类，必然需要有自己的精神根源与根据，必然需要有自己终极的信念信仰。

　　孟子（约前 372—前 289），名轲，战国时期邹人。他是仅次于孔子的儒家代表人物，后世有"亚圣"之称，与孔子合称为"孔孟"。孟子出生时，已距孔子之卒近百年。孟子自称"私淑"孔子（《孟子·离娄下》），表示"乃所愿，则学孔子也"（《孟子·公孙丑上》）。孟子身上表露出一种初步的儒家"道统"意识（详见《孟子·尽心下》末章），他具有强烈的"欲平治天下，舍我其谁"的担当（《孟子·公孙丑下》）。

　　与孔子相比较，孟子更强调道德的内在性，这非但没有削弱孔子学说博大的社会实践性，反而更加强了其外王之学。这种"内收"，特别把天道、神性与人的德性相贯通，把圣人与凡人相联系，根本上使得君子的政治行为、社会活动、教育师道、道德勇气，有了天命、天道等超越理据的支撑，尤其是超越神性意义的天就在人心人性之中，无疑增强了儒者的担当意识。

性善论是孟子心性论的核心。肇始于孟子的心学一脉打开了儒学极尽精微的一面，宋、明时期陆王心学实直承孟子而来。当代新儒家更是深受孟子学的影响，旨在开掘其现代意蕴，挺立道德主体，进而转出政治主体（政治主体或谓法政主体，也包括知识主体），以开出民主与科学的"新外王"。

一、孟子其人其书

孟子是鲁国孟孙氏的后代。"三桓"衰微，子孙四散，孟子祖上从鲁迁至邹。孟子幼年丧父，靠慈母仉氏含辛茹苦，抚养成人。有"孟母三迁""断机教子"等故事流传至今。司马迁在《史记·孟子荀卿列传》中说孟子"受业子思之门人"。

孟子一生之际遇与孔子相似。他亦曾周游列国、游说诸君，传尧舜之道，倡仁义之政，关心民众疾苦，主张减免刑罚，减轻赋税，使老百姓有一定的财产收入，批评列国政治，多次对主政诸侯（如邹穆公、齐宣王等）犯颜直谏，并参与齐国稷下学宫的学术论辩。

孟子晚年退而与弟子公孙丑、万章等"序《诗》《书》，述仲尼之意，作《孟子》七篇"（《史记·孟子荀卿列传》）。他鼓吹兴办教育，以"得天下英才而教育之"为君子三乐之一，培养了很多学生。

孟子所处之时势已有别于孔子。孔子生当春秋末世，其时已有礼崩乐坏之势，故作《春秋》以揭大义，当世无有与之相抗者。孟子在世时，杨朱、墨翟之说盈天下，周公、孔子之道遭遇严峻挑战。孟子奋而自起，辟杨墨，息邪说，拒诐行，放淫辞，以承往圣之教。

两汉时，《孟子》被朝野视为辅翼经书的"传"。《孟子》之书，经东汉赵岐删定为七篇，流传至今。中唐之后，孟子其人其书的地位上升，至北宋，孟子与孔子比肩，《论语》《孟子》已凌驾于六经之上。

《孟子》的注疏和诠释历代不辍，其中有代表性的，除了东汉赵岐注、北宋孙奭疏的《孟子注疏》，还有朱子的《孟子集注》（《四书章句集注》之一）、清人戴震的《孟子字义疏证》及焦循的《孟子正义》、今人杨伯峻的《孟子译注》等。

二、性善论

（一）人性问题成为争鸣的焦点

孔子罕言性与天道，他之后的战国时期，心性论的讨论才逐渐热络起来。到了孟子的时代，人性问题已成为争鸣的焦点之一。我们先讲孟子的性善说。

《孟子·告子上》关于弟子公都子的提问，论及当时关于人性的几种代表性观点：一是告子主张的"性无善无不善"，二是"性可以为善，可以为不善"，三是"有性善，有性不善"。孟子以四端之心来说性善，并力证"仁义内在"，兼驳告子义外之说。孟子之后的荀子还有性恶之说。王充在《论衡·本性》中对以上诸说曾有论及。

（二）告子主张"生之谓性"

告子主张"生之谓性"，盖古代"生"字与"性"字可以互训，取"生质"之义，此义为战国中期至两汉之通识

[丁四新《生、肯、性之辨与先秦人性论研究之方法论的检讨：以

阮元、傅斯年、徐复观相关论述及郭店竹简为中心》（下）]。然此"生质"之义难以区分人禽之别，是以孟子与告子就此而辩：

> 告子曰："生之谓性。"孟子曰："生之谓性也，犹白之谓白与？"曰："然。""白羽之白也，犹白雪之白；白雪之白，犹白玉之白与？"曰："然。""然则犬之性，犹牛之性；牛之性，犹人之性与？"（《孟子·告子上》）

牟宗三先生认为，"生之谓性"所表明的"性"只是个事实概念，不足以表现人与犬马在价值上的本质差异。孟子虽不反对人的自然食色之性或形色之性，但这种生质之性并不足以体现人之为人之所在。牟先生说："孟子主性善是由仁义礼智之心以说性，此性即是人之价值上异于犬马之真性，亦即道德的创造性之性也。"（《圆善论》）人与禽兽的本质差异，就在于人有内在的道德性，这种内在的道德性则通过四端之心来表现，具体表现为仁义礼智之实。因此，"性善"突出表现了人的一种价值意识。

（南宋）马远绘《水图》局部

　　告子更以湍水比喻人性，湍水引向东方则东流，引向西方则西流。而人性之不分善和不善与此湍水相类，完全由外在环境与条件决定。这一说法类似于王充《论衡·本性》中所举周人世硕的观点。孟子则认为，水虽然无分于东西，但水总是向下流。而人之性善犹水之就下。水之向上乃形势所致，非其本性如此。人之为不善亦犹水之向上，非其本性如此。所以孟子曰："乃若其情，则可以为善矣，乃所谓善也。若夫为不善，非才之罪也。"（《孟子·告子上》）

（三）孟子从四端之心论性善

孟子论性善乃从正面直接指示，非如孔子笼统言之。《孟子·离娄下》说：

> 天下之言性也，则故而已矣。故者以利为本。所恶于智者，为其凿也。如智者若禹之行水也，则无恶于智矣。禹之行水也，行其所无事也。如智者亦行其所无事，则智亦大矣。天之高也，星辰之远也，苟求其故，千岁之日至，可坐而致也。

在孟子看来，人之性善本极自然，无奈世人穿凿附会，令人茫然不知所措，失去自家本心，是以孟子批评之。孟子以水之就下形容人之性善，即是"行其所无事"，亦即"尧舜性之"之谓。

孟子之性善乃从人之所以为人处立论，而非从生质之性上立论，即从本心处论性，而非从气质处论性。人之气质有善有恶，而本心则纯乎善，要之在于能扩充之。《孟子·告子上》说：

孟子曰："恻隐之心，人皆有之；羞恶之心，人皆有之；恭敬之心，人皆有之；是非之心，人皆有之。恻隐之心，仁也；羞恶之心，义也；恭敬之心，礼也；是非之心，智也。仁义礼智，非由外铄我也，我固有之也，弗思耳矣。故曰：'求则得之，舍则失之。'或相倍蓰而无算者，不能尽其才者也。《诗》曰：'天生蒸民，有物有则。民之秉彝，好是懿德。'孔子曰：'为此诗者，其知道乎！故有物必有则；民之秉彝也，故好是懿德。'"

性乃人之为人之所在，亦是万物生生之机。人性虽善，但要充分发挥这一善性，便须从本心出发。因为本心是主宰处，扩充本心，也就是扩充善性，扩充此生生之机，以成己成物。因此，孟子之论性善即从四端之心上立论。孟子的性善论奠定了中国古典人性论的基调。

接下来，我们谈谈孟子是如何以四端之心论证性善的。

孟子曰："人皆有不忍人之心。……今人乍见孺子将入于井，皆有怵惕恻隐之心。非所以内交于孺子之父母也，非所以要誉于乡党朋友也，非恶其声而然也。由是观之，无恻隐之心，非人也；无羞恶之心，非人也；无辞让之心，非人也；无是非之心，非人也。恻隐之心，仁之端也；羞恶之心，义之端也；辞让之心，礼之端也；是非之心，智之端也。人之有是四端也，犹其有四体也。有是四端而自谓不能者，自贼者也；谓其君不能者，贼其君者也。凡有四端于我者，知皆扩而充之矣，若火之始然，泉之始达。苟能充之，足以保四海；苟不充之，不足以事父母。"（《孟子·公孙丑上》）

"乍见"是指"心"在此时尚未受到欲望的裹挟，这种情形下便是本心的直接呈现。人去抱救即将落入井中的孩子，既不是想借此同孩子的父母攀交情，亦不是想要得到邻里的赞誉，更不是讨厌孩子惊恐的哭声，总之绝不是为了任何外在功利的目的，而完全是内在本心的驱使，因此是一种当身的自我立法、自我实践。四端是人之本性的自然呈现，是人与动物的根本不同之处。

这是孟子从四端之心上来直接论证仁义礼智之性。人之所以为人，乃在于人有四端之心，四端之心即为仁义礼智之性的端绪。人之性善即在人之四端之心上见。

（四）大体小体　大人小人

孟子认为，人皆有此善端，关键在人能否扩充之，能扩充之即能成圣成贤，以至于"人伦之至"，故人人皆可成圣成贤。如果人不知扩充之，自以为"吾身不能居仁由义"，即"谓之自弃也"，就无异于禽兽。唯圣人能践形，扩充此本心。而凡人则不知扩充。此即人人虽性善、皆有善端，但仍有凡圣之别：

公都子问曰："钧是人也，或为大人，或为小人，何也？"孟子曰："从其大体为大人，从其小体为小人。"曰："钧是人也，或从其大体，或从其小体，何也？"曰："耳目之官不思，而蔽于物，物交物，则引之而已矣。心之官则思，思则得之，不思则不得也。此天之所与我者。先立乎其大者，则其小者不能夺也。此为大人而已矣。"（《孟子·告子上》）

大体为人之本心，小体为人之耳目之官。耳目之官乃人自然生命的一面，此不足以别人禽之异，不足以表现人之为人的一面。唯人之本心能思，能思即能知人性之本善。唯能尽心之思，方能尽仁义礼智之性。思者，主宰之谓也。阳明尝论及之：

> 惟乾问："知如何是心之本体？"先生曰："知是理之灵处。就其主宰处说，便谓之心，就其禀赋处说，便谓之性。孩提之童无不知爱其亲，无不知敬其兄，只是这个灵能不为私欲遮隔，充拓得尽，便完；完是他本体，便与天地合德。自圣人以下不能无蔽，故须格物以致其知。"（《传习录》）

"孩提之童无不知爱其亲，无不知敬其兄"即其良知良能之表现，良知良能即人之本心的发用，由此本心之发用可知人之性善。良知良能自然知孝知悌，此在圣人与凡人皆同，所以孟子说"圣人与我同类者"。孟子曰："尧舜之道，孝弟而已矣。"（《孟子·告子下》）凡人只须尽此孝悌之义，使充其极即为圣人、大人。否则，弊于耳目之欲而不能从其本心，则趋于小人之流也。

（五）心、性到底是什么关系？

孟子以四端之心论性，那么在孟子那里心、性到底是一种什么关系呢？它们是一还是二，是同还是异呢？其实，在孟子那里，心、性实则为一。孟子曰："尽其心者，知其性也。知其性，则知天矣。存其心，养其性，所以事天也。夭寿不贰，修身以俟之，所以立命也。"（《孟子·尽心上》）善性禀赋于天，然须由本心方能觉知。此即孟子所谓尽心知性。尽一分人心，方能知一分人性，尽恻隐、羞恶、辞让、是非之心，方知仁义礼智为人之性。

阳明说："理一而已。以其理之凝聚而言，则谓之性；以其凝聚之主宰而言，则谓之心；以其主宰之发动而言，则谓之意；以其发动之明觉而言，则谓之知；以其明觉之感应而言，则谓之物。"（《传习录》）理者，仁义之理也。仁义之理内在于人即为人之性。以其主宰此仁义之理，自我立法、自我实践而言则谓之心，由此本心践行此仁义之理，即所谓"尽心知性"。本心之发用即显为恻隐、羞恶、辞让、是非之四端，此心之四端乃意之正者。"心之官则思"，思即本心之明觉，亦即知也。明觉之感应即物，此即孟子"万物皆备于我"之"物"，推扩其本心即能成己成物。

孟子以四端之心论性，意在使性善之说有其着落，而不致落于空疏。本心乃一身之主宰，身有主宰始可言道德主体之建立。人即在本心上建立道德主体之地位，有本心之主宰才可以言道德自律与道德实践。人人皆有本心，"求则得之，舍则失之"，在此基础上始可言性善。由此可知，孟子性善之说绝非高远之理想，而实在是为人之根本。而从四端之心上言性善，更可使其说落实为一种可以被当下把握的道德实践。人人只需扩充此四端之心，扩充此善端，便可印证孟子性善之说。

三、仁义内在

四端之心乃人性之基础，所以孟子以心著性，以心善说性善。此外，孟子不但坚持性善说，严辨人禽之别，而且力主"仁义内在"，兼辟告子义外之说。

（一）义内外说

孟子坚持仁义内在之旨即其自律道德的鲜明表现。判断孟子仁义内在之说是否是自律道德，关键要看其是否符合自律

康德像

道德所要求的两个要素，一是道德主体的建立，二是纯粹的道。按牟宗三先生的讲法，孟子主仁义内在之说，且仁义内在于超越的道德心，此道德心就是道德实践之先天的根据或超越的根据，这可称为自律道德所要求的道德主体的一面。此道德主体在康德那里是从"自由意志"讲，而在中国的传统则是从本心或四端之心讲。此其一。

在康德，由"自由意志"所确立的先验的道德律是道德行为之准绳。而在中国儒家传统，道德律则是义理当然之"义"。此义理当然之"义"在宋明儒即发展为"天理"一说。孟子或宋明儒所谓的"义"或"天理"虽不是康德道德律所谓的形式原则，但这不能抹杀他们所肯定的道德主体所确立的"义"或"天理"之先验性与普遍性。

孟子说："生，亦我所欲也；义，亦我所欲也。二者不可得兼，舍生而取义者也。生亦我所欲，所欲有甚于生者，故不为苟得也；死亦我所恶，所恶有甚于死者，故患有所不辟也。"（《孟子·告子上》）又说："非礼之礼，非义之义，大人弗为。"（《孟子·离娄下》）这些话均表示在自然生命或耳目之欲以上，外在的伦理规范以外，有一超越的道德理性之标准。"乍见孺子入井"一例即体现了道德主体服从纯粹的道德律，服从内在的仁义法则，排除任何实际的利害考量，而当身实践道德本身之意。此其二。

（二）良知良能

孟子认为本心是上天赋予的，是生而有之、先于经验的，他称之为"良知""良能"。孟子认为，恻隐等四端之心，是"我固有之""人皆有之"的，他说："人之所不学而能者，其良能也；所不虑而知者，其良知也。孩提之童，无不知爱其亲者；及其长也，无不知敬其兄也。亲亲，仁也；敬长，义也；无他，达之天下也。"（《孟子·尽心上》）人不经学习就能做的即是良能，不经思考就能知道的即是良知。年幼的孩子，没有不知道要爱他们父母的；长大后，没有不知道要敬重他们兄长的。爱父母就是仁，敬兄长就是义，这没有别的原因，只因为二者是通行于天下的。

爱亲敬长的良知良能，是"不虑而知、不学而能"的先天本然之善，朱注引程子曰："良知良能，皆无所由，乃出于天，不系于人。""仁义忠信，乐善不倦"的"天爵"，是人所本有的"贵于己"的"良贵"。这些都是人心之本然，是内在于人之生命的先天的善根。它不是假设，而是实有的善。所以当人"乍见孺子将入于井"，都会自然而然地即时生起"要去救他"的心，此所谓"怵惕恻隐之心"。这点本然之心的当机流露，实即良心天理之直接呈现。无论智愚贤不肖，在这一点上都是必然相同的。由此可证，人性之善不是外铄的，而是天生本具的。（蔡仁厚《孔孟荀的哲学》）

前面讲到了孟子的仁义内在之说，"由仁义行，非行仁义也"（《孟子·离娄下》）的实践品格都足以表现孟子学是一种自律伦理学，而孟子与告子等关于义内义外的论辩更突出了孟子自律道德中所强调的道德主体之自主性与义理之内在性、纯粹性的特征。

关于人性与仁义的关系，孟子与告子有"杞柳与杯棬"之辩：

> 告子曰："性，犹杞柳也；义，犹杯棬也；以人性为仁义，犹以杞柳为杯棬。"孟子曰："子能顺杞柳之性而以为杯棬乎？将戕贼杞柳而后以为杯棬也？如将戕贼杞柳而以为杯棬，则亦将戕贼人以为仁义与？率天下之人而祸仁义者，必子之言夫！"（《孟子·告子上》）

对于此辩，朱子说："孟子与告子论杞柳处，大概只是言杞柳杯棬不可比性与仁义。杞柳必矫揉而为杯棬，性非矫揉而为仁义。"（《朱子语类》）对于孟子的诘难，赵岐解释为："子能顺完杞柳，不伤其性而成杯棬乎？将斧斤残贼之，乃可以为杯棬乎？言必残贼也。"（《孟子正义》）在孟子看来，杯棬乃戕贼杞柳之本性而成，从杞柳到杯棬是逆成的。而人性与仁义的关系则不然。仁义即人性之实，从人性而发的仁义是人性本然的表现。从人性而仁义呈顺成之势。由人性而仁义犹如水之就下，乃性之本然，非逆成之也。仁义内在于人性之中，而非外在认取而成。因此，孟子反对告子把人性与仁义的关系比拟为杞柳与杯棬的关系，否则必成"义袭"之论，祸害仁义而不自知。由此可知，仁义根于心，内在于人性之中，这构成了道德主体之自主性原则，而非仅仅服从外在规范。

（三）孟子、告子之本质区别

告子主仁内义外之说，与孟子主仁义内在之说不同。两人义内、义外之说的不同自不待言，即便是两位同样坚持的"仁内"之说亦有其本质区别。其实，告子仁内之说与义外之说相连，终将沦为仁义皆外之说，而不复知仁义内在之实。

告子曰："食色，性也。仁，内也，非外也；义，外也，非内也。"孟子曰："何以谓仁内义外也？"曰："彼长而我长之，非有长于我也；犹彼白而我白之，从其白于外也，故谓之外也。"曰："异于白马之白也，无以异于白人之白也；不识长马之长也，无以异于长人之长与？且谓长者义乎？长之者义乎？"曰："吾弟则爱之，秦人之弟则不爱也，是以我为悦者也，故谓之内。长楚人之长，亦长吾之长，是以长为悦者也，故谓之外也。"曰："耆秦人之炙，无以异于耆吾炙，夫物则亦有然者也，然则耆炙亦有外欤？"（《孟子·告子上》）

在告子那里，仁为内，仁表现为一种仁爱，此仁爱皆由自我决定，斯为仁内之旨。不过，细思之，告子仁内之说仍不同于孟子。告子之仁爱仅限于自我及自我之亲，而不遍及他人及他物，因而"吾弟则爱之，秦人之弟则不爱也"。如此，自我终将封闭而难免有沦为小我之嫌，而不能包容万物，终将成仁外之说。而孟子仁内之说则不然，孟子倡导"万物皆备于我"，尝言："君子之于物也，爱之而弗仁；于民也，仁之而弗亲。亲亲而仁民，仁民而爱物。"（《孟子·尽心上》）由亲亲而仁民，由仁民而爱于物，此真仁内之说。

此外，告子义外之说，更是不能得义之实。要之，孟子义内之旨可摄告子义外之说，而告子义外之说终不能涵孟子义内之旨。在告子，无论"白"或"长"皆客观之事实，吾人"白之"或"长之"皆因为此外在之事实而如此。而在孟子，事物之白尚且不论，但"长之"之对象不同，其"长之"之性质便不一样，不可如事物之白一样而一律"白之"。所以孟子说："且谓长者义乎？长之者义乎？"旨在说明"长之"在我，而义在内也。而告子又以"长楚人之长"与"长吾之长"的"长"皆在外，以明义外之说。孟子便更以耆炙之例来反驳，说明耆炙亦是出于内，以此喻义内之旨。

孟子说："口之于味也，有同耆焉；耳之于声也，有同听焉；目之于色也，有同美焉。至于心，独无所同然乎？心之所同然者何也？谓理也，义也。圣人先得我心之所同然耳。故理义之悦我心，犹刍豢之悦我口。"（《孟子·告子上》）孟子主张理义内在于心，而力辟告子义外之说。至于公都子与孟季子之辩，仍不出孟子与告子之辩的范围。孟季子强调吾人之敬随外在之客观情境而变，因此"敬之"在外。然不论"敬之"之对象与情形如何变换，吾人之敬皆出于内，这是不变的。

四、仁政与民贵君轻

我们再讲《孟子》所揭示的仁政学说与民本、民贵思想。先看仁政学说。

（一）仁政学说

孟子的政治思想以其性善说为前提。他把道德仁义之实由人性推广到社会、国家的治理之中，故有所谓仁政之说。孟子曰："人皆有不忍人之心。先王有不忍人之心，斯有不忍人之政矣。以不忍人之心，行不忍人之政，治天下可运之掌上。"（《孟子·公孙丑上》）他主张"亲亲而仁民，仁民而爱物"（《孟子·尽心上》）的推恩原则，"推恩足以保四海，不推恩无以保妻子"（《孟子·梁惠王上》），将推恩充其极，则"万物皆备于我"。孟子反对"以力服人"的"霸道"，反对杀伐征战、与民争利及以暴力对待百姓，主张"以德服人"的"王道"，主张保民、教民，以民为本。

仁政学说的目的是为民，其最基本的要求则是"保民"，即解决百姓的民生问题，安顿他们的生命与生活。为此，孟子明确提出为民制产，认为人民只有在丰衣足食的情况下才能安分守己，从善如流。他说：

无恒产而有恒心者，惟士为能。若民，则无恒产，因无恒心。苟无恒心，放辟、邪侈，无不为已。及陷于罪，然后从而刑之，是罔民也。焉有仁人在位，罔民而可为也？是故明君制民之产，必使仰足以事父母，俯足以畜妻子，乐岁终身饱，

凶年免于死亡。然后驱而之善，故民之从之也轻。(《孟子·梁惠王上》)

孟子把百姓的生命看得至高至上，因此极力反对当时诸侯国之间的杀伐征战，认为善阵善战乃大罪，而"国君好仁，天下无敌焉"(《孟子·尽心下》)。

"好仁"最基本的要求即不嗜杀人。在孟子，只要执政者不嗜杀人，能行仁政，则天下之民即可往归之。孟子曰：

今夫天下之人牧，未有不嗜杀人者也。如有不嗜杀人者，则天下之民皆引领而望之矣。诚如是也，民归之，由水之就下，沛然谁能御之？(《孟子·梁惠王上》)

孟子不但反对杀伐征战，也反对与民争利。孟子曰：

今之事君者皆曰："我能为君辟土地，充府库。"今之所谓良臣，古之所谓民贼也。君不乡道，不志于仁，而求富之，是富桀也。"我能为君约与国，战必克。"今之所谓良臣，古之所谓民贼也。君不乡道，不志于仁，而求为之强战，是辅桀也。由今之道，无变今之俗，虽与之天下，不能一朝居也。（《孟子·告子下》）

国君果能"好仁""不嗜杀人"，便可"保民而王"，使百姓"养生丧死无憾"。

孟子仁政思想是对孔子"庶""富""教"思想的发展。仁政思想其始在于保存百姓生命，解决其生活温饱问题，其终则在教育人民以人伦。所以孟子主张"谨庠序之教，申之以孝悌之义"（《孟子·梁惠王上》），使百姓"明人伦"，由此形成"人伦明于上，小民亲于下"（《孟子·滕文公上》）的社会风气。人伦者，人伦生活之准则，即所谓父子有亲、君臣有义、夫妇有别、长幼有序、朋友有信，由此百姓人人皆可居仁由义，日渐德化。

百姓人人皆得保命、生活，"养生丧死无憾"，此王道之始。然必使百姓人人皆能受教育、"明人伦"，方为王道之终。由此可知，行仁政必待教化而始完备，而善教亦是执政者得民心之不可或缺的手段。孟子说："善政不如善教之得民也。善政民畏之，善教民爱之，善政得民财，善教得民心。"
（《孟子·尽心上》）良好的教育，方能使百姓心悦诚服，有如
七十子之服孔子。而再好的政治手段也不过与民争利、得民
财而已，达不到征服人心、使百姓衷心拥戴的效果。可见，
不管是执政者自身还是百姓，皆应注重德性之培养、礼义
之化成，否则"上无礼，下无学，贼民兴，丧无日矣"（《孟
子·离娄上》）。上无道揆，下无法守，上下交征利，国之亡可
立而待也。

孟子之仁政即以"仁"为政治之原则，由此而衍生出德
治之理念。所以说，孟子仁政思想是对孔子"德治"思想的发
展。孟子以及儒家之德治思想包含两个层面，即修己与治人两
个层面，且两者标准不同。修己即执政者德性之培养以及民之
教化，治人即以仁德惠泽于民。这部分的内容详见本书《〈大
学〉导读》之四。执政者能善推其仁德，方有仁政之建立，比
之徒恃法治者不可同日而语。两者孰轻孰重，可参阅荀子下面
的一段话：

有乱君，无乱国；有治人，无治法。羿之法非亡也，而羿

不世中；禹之法犹存，而夏不世王。故法不能独立，类不能自行，得其人则存，失其人则亡。法者，治之端也；君子者，法之原也。故有君子则法虽省，足以遍矣；无君子则法虽具，失先后之施，不能应事之变，足以乱矣。不知法之义而正法之数者，虽博，临事必乱。（《荀子·君道》）

孟子说："徒善不足以为政，徒法不能以自行。"（《孟子·离娄上》）善心与善法两者相辅相成，缺一不可。然执政者之德性或善心则更为根本。只有在执政者善心或仁心的基础上，仁政之具体措施才会有的放矢，此即所谓"君子者，法之原也"。所以得其人则得其法，执政者必先有其德性，而后据此德性或仁心施行仁政；有此仁政之大方略，然后天下方能得治。

执政者德性之培养总是仁义为先，即义先于利。但这一原则不能应用于百姓。换句话说，即不能以修己的标准去治人。治人则以仁安人，治身则以义正我，而不能反其用以逆其理。治人则先富后教，治身则先其事后其食，先后之序亦不能颠倒。可见，治人与治身（修己）的标准不可混同。孔孟从不拿执政者修己的标准去治人，去要求百姓。对执政者之修己而言，总是道德礼义为先，即所谓"以义正我"。而针对百姓之治人而言，则是养生先于教化，即所谓"以仁安人"。孟子曰："此惟救死而恐不赡，奚暇治礼义哉？"（《孟子·梁惠王上》）此即是把百姓的生命、生活放在道德礼义之前。

孟子的仁政学说既强调执政者德性的重要，又强调执政者以民为本的理念，强调仁政的一切施设皆是为民而立，百姓的生计及礼乐教化既是政治的起点，亦是其最终的目标，是故在此基础上发展出了民本思想，特别是"民贵君轻"思想。

孟子的民本思想大致体现在如下三方面：一是民生，二是尊贤使能、尊重民意，三是政权基础及其转移。

（二）民本思想：以民生为急务

首先，孟子的民本思想以解决民生为急务，即所谓"民事不可缓也"。上文提到，仁政的基础首先是解决百姓的生活，在孟子当时所处的社会环境下，百姓能保命并维持基本的生活已经非常难得了。面对梁惠王，孟子严厉批判了当时社会

（南宋）李嵩绘《丰年民乐图》

的不公："庖有肥肉，厩有肥马，民有饥色，野有饿莩，此率兽而食人也。"（《孟子·梁惠王上》）并批评秦、楚等国"夺其民时，使不得耕耨以养其父母。父母冻饿，兄弟妻子离散"（《孟子·梁惠王上》）。在战乱频仍之际，孟子反对不顾人民的死活、通过驱民耕战来满足人君的私欲。

为了能让百姓保命，解决其生活问题，孟子认为执政者应施行仁政，而仁政应从划分经界开始。"夫仁政，必自经界始。经界不正，井地不钧，谷禄不平，是故暴君污吏必慢其经界，经界既正，分田制禄可坐而定也。"（《孟子·滕文公上》）百姓依赖土地生活，正经界乃尊重百姓私有财产的必要措施，经界既正，百姓可以无后顾之忧。

　　除了正经界，孟子还提出了一些非常科学的促进农副业生产的具体措施，以为这才是百姓合理的生活：

　　不违农时，谷不可胜食也；数罟不入洿池，鱼鳖不可胜食也；斧斤以时入山林，材木不可胜用也。谷与鱼鳖不可胜食，材木不可胜用，是使民养生丧死无憾也。养生丧死无憾，王道之始也。五亩之宅，树之以桑，五十者可以衣帛矣。鸡豚狗彘之畜，无失其时，七十者可以食肉矣。百亩之田，勿夺其时，数口之家可以无饥矣。谨庠序之教，申之以孝悌之义，颁白者不负戴于道路矣。七十者衣帛食肉，黎民不饥不寒，然而不王者，未之有也。（《孟子·梁惠王上》）

　　保存百姓的生命、解决他们的温饱只是民生的第一步，为了彻底贯彻民本思想，孟子主张执政者在治其田畴的同时，还要省刑罚、薄税敛，如此百姓才能渐次致富：

　　市廛而不征，法而不廛，则天下之商皆悦，而愿藏于其市矣。关。讥而不征，则天下之旅皆悦而愿出于其路矣；耕者助

而不税，则天下之农皆悦而愿耕于其野矣；廛无夫里之布，则天下之民皆悦而愿为之氓矣。（《孟子·公孙丑上》）

能行此五者，则邻国之民仰之如父母，皆往归焉。

民生关乎百姓的生命、生活，是仁政的第一步。仁政首先要解决民生问题，在先儒养民、富民，安顿百姓的生命与生活主张的基础上，孟子首次明确提出为民制产，认为人民只有在丰衣足食的情况下才不会胡作非为，并接受教化。仁政以土地制度为基本保障，这还是生存权问题、民生问题。小民的基本口粮、核心家庭的基本温饱、老人的赡养均是仁政的主要内容。这里多次提到要保证黎民不饥不寒，粮食如水火那么充足，五十岁以上的人有绸穿，七十岁以上的人有肉吃等。凡此种种，皆可看出孟子的民本思想以民生为起点，切实而具体，皆是为民众的生存与发展设立的。

（三）尊贤使能　尊重民意

其次，孟子的民本思想还体现在尊贤使能、尊重民意方面。百姓的生计解决了还不够，还须施以教化，如此方能调治民心，和谐人伦关系，安定社会秩序。"设为庠序学校以教之。庠者，养也；校者，教也；序者，射也。夏曰校，殷曰序，周曰庠；学则三代共之，皆所以明人伦也。人伦明于上，小民亲于下。"（《孟子·滕文公上》）"壮者以暇日修其孝弟忠信，入以事其父兄，出以事其长上。""谨庠序之教，申之以孝悌之义，颁白者不负戴于道路矣。"（《孟子·梁惠王上》）如此百姓皆能亲其亲、长其长，则国益安矣。

对百姓施以教化或教育不单单在于使其"明人伦"，更在于能在民众中选贤与能，使其参与到国家政权的管理中去。孟子曰："贵德而尊士，贤者在位，能者在职。""尊贤使能，俊杰在位，则天下之士皆悦而愿立于其朝矣。"（《孟子·公孙丑上》）荀子亦主"尚贤使能"，他说："君人者欲安则莫若平政爱民矣，欲荣则莫若隆礼敬士矣，欲立功名则莫若尚贤使能矣。"（《荀子·王制》）"尚贤使能"突显了平民参政的特色，是民本思想在政治上的重要体现。

此外，民本思想还体现在尊重民意上。孟子论民意与察举：

国君进贤，如不得已，将使卑逾尊，疏逾戚，可不慎与？左右皆曰贤，未可也；诸大夫皆曰贤，未可也；国人皆曰贤，然后察之，见贤焉，然后用之。左右皆曰不可，勿听；诸大夫皆曰不可，勿听；国人皆曰不可，然后察之，见不可焉，然后去之。左右皆曰可杀，勿听；诸大夫皆曰可杀，勿听；国人皆曰可杀，然后察之，见可杀焉，然后杀之。(《孟子·梁惠王下》)

对于上述各种政治权力，孟子主张参考民意，在充分尊重民意的基础上进行裁决。知民之好恶，充分尊重民意，"所欲与之聚之，所恶勿施"(《孟子·离娄上》)，正是以民为本的鲜明体现。

（四）民心向背与政权转移

最后，孟子的民本思想还体现在政权基础及其转移方面。孟子很看重民心向背，认为民心乃政权之基础，民心向背是政治上成功与否的决定因素。"桀纣之失天下也，失其民也；失其民者，失其心也。得天下有道：得其民，斯得天下矣；得其民有道：得其心，斯得民矣。"(《孟子·离娄上》)行仁政则得民心、得天下，不行仁政则失民心、失天下，孟子因此说："三代之得天下也以仁，其失天下也以不仁。国之所以废兴存亡者亦然。"(《孟子·离娄上》)孔子以前，虽有民本观念的萌芽，但此种思想之大成则要在孟子这里才看得到。

旧说本以"天命"解释政权之转移。孟子则直接以"民心"释"天命"：

> 万章曰："尧以天下与舜，有诸？"孟子曰："否。天子不能以天下与人。""然则舜有天下也，孰与之？"曰："天与之。""天与之者，谆谆然命之乎？"曰："否；天不言，以行与事示之而已矣。"曰："以行与事示之者如之何？"曰："天子能荐人于天，不能使天与之天下；诸侯能荐人于天子，不能使天子与之诸侯；大夫能荐人于诸侯，不能使诸侯与之大夫。昔者，尧荐舜于天而天受之；暴之于民，而民受之；故曰，天不言，以行与事示之而已矣。"(《孟子·万章上》)

孟子提出"天与"的观念乃在于否定执政者以政权为私产，而以民心向背为政权转移的根据。"以行与事示之"即以民心所向示之，因此孟子尝引《泰誓》之文"天视自我民视，天听自我民听"以明其义。"天命"中虽有人力所不能及者，但仍主要表现于民心。总之，民心乃政权转移之关键。在此基础上，孟子进而肯定汤武之革命：

> 齐宣王问曰："汤放桀，武王伐纣，有诸？"孟子对曰："于传有之。"曰："臣弑其君，可乎？"曰："贼仁者谓之贼，贼义者谓之残。残贼之人谓之一夫。闻诛一夫纣矣，未闻弑君也。"（《孟子·梁惠王下》）

此即表明执政者倘失仁义之道即是独夫民贼，民可以推翻其政权而诛杀之，这就是传统政治上的革命论。这就明确表示政权可以转移，而转移之依据即在民心向背。

民心之重要有如斯，故孟子提出"民贵君轻"的思想。"民为贵，社稷次之，君为轻。是故得乎丘民而为天子，得乎天子为诸侯，得乎诸侯为大夫。"（《孟子·尽心下》）在治理国家、统一天下的问题上，百姓是最重要的，国家政权是次要的，国君是更次要的。孟子的民本思想对历代批判君主专制的思想家影响很大，成为中国乃至东亚重要的政治思想资源。

五、人格修养

孔孟儒学是生命的学问，是为己之学，成就德性是为学的目的，此即所谓"成德之教"。为此，孟子倡导存心养气的修养工夫，通过存养本心、集义养浩然之气，以期达至德性至上的人格境界。

（一）修养工夫

我们先看修养工夫。

孟子道性善，以四端之心论性，以此为道德实践之基。人人皆有善端，要在能存养、扩充，否则便无异于无，此所以孟子曰："学问之道无他，求其放心而已矣。"（《孟子·告子上》）人心不知存养，则流于放失、梏亡：

孟子曰："牛山之木尝美矣，以其郊于大国也，斧斤伐之，可以为美乎？是其日夜之所息，雨露之所润，非无萌蘖之生焉，牛羊又从而牧之，是以若彼濯濯也。人见其濯濯也，以为未尝有材焉，此岂山之性也哉？虽存乎人者，岂无仁义之心哉？其所以放其良心者，亦犹斧斤之于木也，旦旦而伐之，可以为美乎？其日夜之所息，平旦之气，其好恶与人相近也者几希，则其旦昼之所为，有梏亡之矣。梏之反覆，则其夜气不足以存；夜气不足以存，则其违禽兽不远矣。人见其禽兽也，而以为未尝有才焉者，是岂人之情也哉？故苟得其养，无物不长；苟失其养，无物不消。孔子曰：'操则存，舍则亡；出入无时，莫知其乡。'惟心之谓与？"（《孟子·告子上》）

孟子以牛山之木喻仁义之心。牛山之木尝美，但若斧斤不断伐之，其美亦渐失矣。而人之放失良心者，犹斧斤之于木，如不知操存保养，则离禽兽不远矣。万物之生，皆需养护、培植，否则便趋于消亡，人心亦不能外。正所谓"苟得其养，无物不长；苟失其养，无物不消"，人之习气、欲望便有使良心和夜气梏亡之险，因此孟子曰："养心莫善于寡欲。其为人也寡欲，虽有不存焉者，寡矣。其为人也多欲，虽有存焉者，寡矣。"（《孟子·尽心下》）此处存与不存，皆就良心、夜气而言，欲望之多少于善性之存养有重要影响。

　　另外，人不但要知道操存本心，还要能扩充之，能扩充则能使己之仁义之性得以充分发挥，而仁义之实则不可胜用。孟子曰："人皆有所不忍，达之于其所忍，仁也；人皆有所不为，达之于其所为，义也。人能充无欲害人之心，而仁不可胜用也；人能充无穿逾之心，而义不可胜用也。人能充无受尔汝之实，无所往而不为义也。"（《孟子·尽心下》）"达"者，通达、推扩之谓，人能善推其本心，"亲亲而仁民，仁民而爱物"，至其极则"万物皆备于我"。

　　孟子曰："尽其心者，知其性也。知其性，则知天矣。存其心，养其性，所以事天也。夭寿不贰，修身以俟之，所以立命也。"（《孟子·尽心上》）尽心即推扩此本心，由此方知人之仁义之性，知此性本于自然（天）。存心养性即保任此本心，使其不放失。修身立命即坚守此本心而不动摇，夭寿不二，顺逆如一，如是，则无往而不利。

　　孟子主张存心养性，而其具体的实践工夫则在持志养气，成就浩然之气，以逐步达至"不动心"的境界：

　　　日："敢问夫子之不动心与告子之不动心，可得闻与？'"告子曰：'不得于言，勿求于心；不得于心，勿求于气。'不得于心，勿求于气，可；不得于言，勿求于心，不可。夫志，气之帅也；气，体之充也。夫志至焉，气次焉。故曰：'持其志，无暴其气。'""既曰'志至焉，气次焉'，又曰'持其志，无暴其气'者，何也？"曰："志壹则动气，气壹则动志也，今夫蹶者趋者，是气也，而反动其心。"（《孟子·公孙丑上》）

告子先于孟子强调"不动心"，而孟子讲的"不动心"亦有其道，且不同于告子，此颇值得探讨。告子曰："不得于言，勿求于心；不得于心，勿求于气。""不得于言"之"言"即"知言"之"言"，即言辞、辞气之谓。至于"不得于言"之"得"，劳思光先生释为"得理"之谓（《新编中国哲学史》一卷）。告子所谓"不得于言，勿求于心"，乃谓于外在言辞有所不契、不达，则不必求之于主观内在之心。"不得于心，勿求于气"，则谓心志有不合义、不得理者，不当求之于身体之气。孟子谓"不得于心，勿求于气，可"，盖心志未能得理、达义，切勿徒恃意气以矜其勇，此为孟子所许。即不得于心，应反求诸己而不可徒恃其气。

　　孟子又说"不得于言，勿求于心，不可"，此孟子不同意告子之处，亦两人不同人处。对此，徐复观先生认为，"告子的'不得于言，勿求于心'，是对于社会上的是非得失，一概看作与己无关，不去管它，这便不至使自己的心，受到社会环境的干扰"(《〈孟子〉知言养气章试释》)。告子的"不得于言，勿求于心"之说显然与其"义外"之旨相关。告子以为外在客观之事理与己心无关。告子讲的"不动心"即是隔断此心与外在言辞、事理之关系，以求此心不为其所累，从而达到"不动心"的境界。然孟子之"不动心"则不如是。

　　孟子主"义内"说，因此未尝隔断心志与外在事理的关系。"不得于言"者，即于外在之言辞、事理不能得其正者，此时正须求之于己之心志，以心正之，如此方是仁义之道。以心格义，以义正言、断事，如是则心理一如、心事一如，如此方是真正的"不动心"，此是孟子"不动心"之真意。

　　次论"志"与"气"。"志"者，心之所向，相应于孟子所谓的"大体"。"气，体之充也。""气"即指人身上的一股生命力，相应于孟子所谓的"小体"。"夫志，气之帅也"，即以"大体"统帅"小体"。"夫志至焉，气次焉"，即孟子所谓"先立乎其大者，则其小者不能夺也"（《孟子·告子上》）。既如此，孟子又谓"持其志，无暴其气"，引起公孙丑的质疑，又是为何呢？孟子的回答是"志壹则动气，气壹则动志也"。"壹"即专一，有主宰义。这句话是说，心志若为主宰则可支配气，气若为主宰亦可支配心志。其间之主从关系并无定准，是故又须"持其志，无暴其气"。"持"，持守、操持之谓。"持其志"即持守此心志而不为气所动。"暴"，暴乱之谓。因气易散乱干扰心志，故"持其志"之余又须勿暴乱其气。如此持守、操存，方能逐渐养就浩然之气。《孟子》载：

"敢问夫子恶乎长？"曰："我知言，我善养吾浩然之气。""敢问何谓浩然之气？"曰："难言也。其为气也，至大至刚，以直养而无害，则塞于天地之间。其为气也，配义与道；无是，馁也。是集义所生者，非义袭而取之也。行有不慊于心，则馁矣。我故曰，告子未尝知义，以其外之也。必有事焉，而勿正，心勿忘，勿助长也。"（《孟子·公孙丑上》）

浩然之气乃集义所生，配义与道之气方为浩然之气。心志、道义虽很重要，然气亦不可废，所以朱熹说："'养气'

章，道义与气，不可偏废。虽有此道义，苟气不足以充其体，则歉然自馁，道气亦不可行矣。"（《朱子语类》）集义即是要做到处处皆合道义，且此道义皆从心志而发，以此心志统帅气，"持其志，无暴其气"，非如告子"义袭而取"。集义与义袭乃两种的不动心的工夫。王阳明说："告子是硬把捉着此心，要他不动；孟子却是集义到自然不动。"（《传习录》）两者之差距何啻天壤。"必有事焉"即念念不忘集义，不忘义之所在，此即孔子所谓"君子无终食之间违仁，造次必于是，颠沛必于是"（《论语·里仁》）。然此亦不能过于穿凿，所以须"勿正"。

马一浮先生谓"勿正"之"正"可作"凿"解。"凿"即"所恶于智者，为其凿也"（《孟子·离娄下》）之"凿"。他说："心勿忘勿助，乃是绵密无间功夫，无一毫矫揉造作，实与无相行同义。"（《尔雅台答问》）此即"行其所无事"，乃真由仁义行，而非行仁义也。后世禅家修行，亦不过如此。至于"必有事焉，而勿正，心勿忘，勿助长也"一句，顾炎武《日知录》引倪文节谓"当作'必有事焉而勿忘。勿忘，勿助长也'。传写之误，以'忘'字作'正心'二字。言养浩然之气，必当有事而勿忘。既已勿忘，又当勿助长也。叠二'勿忘'，作文法也"。可备一说。

对于何谓知言，孟子曰："诐辞知其所蔽，淫辞知其所陷，邪辞知其所离，遁辞知其所穷——生于其心，害于其政；发于其政，害于其事。圣人复起，必从吾言矣。"(《孟子·公孙丑上》) 知言是为了辨志，"言为心声"，依其言则可知其心之所之，从而不为其言所蔽。知言亦是养心的工夫。在孟子，"持志""养气""知言"乃三位一体的关系，皆为孟子存养本心之工夫。

孔孟儒学是自得之学，修养渐深即可达于自得之境。孟子曰："君子深造之以道，欲其自得之也。自得之，则居之安；居之安，则资之深；资之深，则取之左右逢其原，故君子欲其自得之也。"(《孟子·离娄下》) 能时时操存本心，持志养气，必有事焉而勿忘、勿助长，斯可渐至不动心，养就浩然之气，无往而不自得。

（二）境界追求

孟子私淑孔子，其学有所承续于孔子。孔子尚"仁"，孟子更是"仁义"并举。在生死存亡之际，在义利冲突之时，孟子总是以仁义为先，更有所谓义利之辨。他还极为重视人的独立与操守，有古代士人的风骨与气节，有"舍我其谁"的气魄与承当。此外，他继承孔子之道，追求德性至上的人格境界。

首先，为了说明人之为人，孟子严辨人禽之别。而为了表现君子人格，孟子又有所谓义利之辨。孟子曰："仁，人心也；义，人路也。"（《孟子·告子上》）又说："仁也者，人也。合而言之，道也。"（《孟子·尽心下》）孟子标举仁义，以此为做人第一义谛。在《孟子》一书开篇，面对梁惠王"何以利吾国"的发问，孟子对曰："王！何必曰利？亦有仁义而已矣。"（《孟子·梁惠王上》）为《孟子》一书的思想定下了基调。

古时"利"有"义之和"之训。因为上古风俗淳厚，世人多能行义以共利。然而后世礼崩乐坏，人多不顾礼义，怀利以相接，义利之冲突遂愈演愈烈。孔子说："君子喻于义，小人喻于利。"（《论语·里仁》）孟子义利之辨亦有所取于夫子：

鱼，我所欲也；熊掌，亦我所欲也，二者不可得兼，舍鱼而取熊掌者也。生，亦我所欲也；义，亦我所欲也。二者不可得兼，舍生而取义者也。生亦我所欲，所欲有甚于生者，故不为苟得也；死亦我所恶，所恶有甚于死者，故患有所不辟也。如使人之所欲莫甚于生，则凡可以得生者，何不用也？使人之所恶莫甚于死者，则凡可以辟患者，何不为也？由是则生而有不用也，由是则可以辟患而有不为也，是故所欲有甚于生者，所恶有甚于死者。非独贤者有是心也，人皆有之，贤者能勿丧耳。（《孟子·告子上》）

　　义利冲突中之最突出者，莫过于人的自然生命与人的德性尊严之间的冲突。孔子有所谓"杀身成仁"之说，而面对上述困境，孟子亦主张"舍生取义"。生与义有时难以得兼，要在人之如何抉择。梁启超说："所谓二者不得兼，即神明与躯干利害相冲突之时也，其冲突之甚，乃至神明与躯干不能并存，此等境遇，本非人世间所常有，吾侪或终身不一遇焉，万一遇之，则势必须舍其一乃能取其一，孰取孰舍，即人禽所攸分也。禽兽所欲无更甚于生，所恶无更甚于死。人决不然，然舍彼而取此则为人，舍此而取彼，遂禽兽矣。孰舍孰取，视平日所养何如耳，此养大体养小体之义也。"（《梁启超论孟子遗稿》）

　　关于大体、小体，孟子曰："体有贵贱，有小大。无以小害大，无以贱害贵。养其小者为小人，养其大者为大人。"
（《孟子·告子上》）朱熹集注云："贱而小者，口腹也；贵而
大者，心志也。"（《四书章句集注》）仁义礼智之心志即"大
体""良贵"，亦即人之为人之所在，它表现了一种对小体即自
然生命的超越。孟子"舍生取义"的道德选择即表现了一种超
越生命的价值追求、为人格尊严而牺牲的殉道精神。

此外，义利之辨又常表现于人伦日用之中，而这正是人
们所常经历与面对的，因此也是最切要的。孟子主张君臣、父
子、兄弟之间应当"怀仁义以相接"，而非"怀利以相接"。在
利益与仁义发生冲突时，他也是主张以"仁义"为先，先义后
利，以为如此方能达于王道之治。

（三）气节操守

孟子除通过义利之辨以突显君子人格外，还追求一种独立
不倚、宏大刚毅的气节与情操，更有所谓"舍我其谁"的气魄
与承当，这些都表现了孟子大丈夫式的气节与操守。因为德性
自足、独立不倚，因此他有"说大人，则藐之，勿视其巍巍然"
（《孟子·尽心下》）的气概。他引用曾子的话说："彼以其富，我

以吾仁；彼以其爵，我以吾义，吾何慊乎哉？"（《孟子·公孙丑下》）这句话是说：彼有其富贵、爵位在身，而我之仁义自足，我并没有比对方缺少什么。此真有子路"不忮不求"之风。

说到"爵"，孟子亦有天爵、人爵之辨。他说："有天爵者，有人爵者。仁义忠信，乐善不倦，此天爵也；公卿大夫，此人爵也。古之人修其天爵，而人爵从之。今之人修其天爵，以要人爵；既得人爵，而弃其天爵，则惑之甚者也，终亦必亡而已矣。"（《孟子·告子上》）孟子主张追求天爵而非人爵。天爵即人自身所具有的道德原则与人格品质，操存舍亡皆在我者。而人爵即功名利禄则是在外者，得与不得皆有其命，不可强求。所以孟子说："求则得之，舍则失之，是求有益于得也，求在我者也。求之有道，得之有命，是求无益于得也，求在外者也。"（《孟子·尽心上》）

孟子倡导大丈夫精神，他说："居天下之广居，立天下之正位，行天下之大道。得志与民由之，不得志独行其道。富贵不能淫，贫贱不能移，威武不能屈，此之谓大丈夫。"（《孟子·滕文公下》）在孟子，"仁"即天下之广居，"德"即天下之正位，"义"即天下之大道，居仁、由义、立德皆是大丈夫之所为。他还提倡独善其身与兼善天下的统一："得志，泽加于民；不得志，修身见于世。穷则独善其身，达则兼善天下。"（《孟子·尽心上》）又曰："待文王而后兴者，凡民也。若夫豪杰之士，虽无文王犹兴。"（同上）孟子的这种大丈夫精神与豪杰之气曾激励过后世无数的仁人志士。

孟子极为重视人的操守，他挺立士人的风骨，具有"说大人，则藐之，勿视其巍巍然"（《孟子·尽心下》）的胆识和气概；孟子又极富道德勇气，有着"舍我其谁"的气魄与担当。这里我们简单讲讲儒家的"勇"德。孔子讲"智、仁、勇"三达德，孟子讲道德之大勇，荀子也重视"勇"德。

据《孟子·梁惠王下》，孟子将勇分为小勇和大勇。小勇就是人们常说的匹夫之勇。它是一种血气之怒，动辄以性命相拼。文王、武王之勇是大勇，他们一发怒便使天下的百姓得到安定。敌军侵略莒国，文王勃然大怒，发令调兵遣将，阻止侵略者，不辜负天下百姓的期望。纣王横行霸道，武王认为这是奇耻大辱，便举兵伐纣。《孟子·公孙丑上》还讲到三种勇：一是北宫黝之勇，这是一种"不肤桡，不目逃""恶声至，必反之"之勇；二是孟施舍无所畏惧之勇；三是"自反而缩，虽千万人，吾往矣"之勇。反躬自问，正义在我，纵然前面有千军万马，我也义无反顾，勇往直前。前两种是血气之勇，因一时感情冲动而产生，是小勇；第三种是道德之勇，源自内在自足的德性，是大勇。

荀子也讲勇，他说：

有狗彘之勇者，有贾盗之勇者，有小人之勇者，有士君子之勇者：争饮食，无廉耻，不知是非，不辟死伤，不畏众强，恈恈然惟利饮食之见，是狗彘之勇也。为事利，争货财，无辞让，果敢而振，猛贪而戾，恈恈然惟利之见，是贾盗之勇也。轻死而暴，是小人之勇也。义之所在，不倾于权，不顾其利，举国而与之不为改视，重死、持义而不桡，是士君子之勇也。（《荀子·荣辱》）

只要是义之所在，不屈服于权势，不顾及自己的利益，即使整个国家的人都来反对他，也不改变自己的看法，珍惜生命却能坚持正义而不屈不挠，此乃士君子之勇。可见荀子看重的也是道德之勇，而非血气之勇。

在《荀子·性恶》，荀子又说：

有上勇者，有中勇者，有下勇者。天下有中，敢直其身；先王有道，敢行其意；上不循于乱世之君，下不俗于乱世之民；仁之所在无贫穷，仁之所亡无富贵；天下知之，则欲与天下同苦乐之，天下不知之，则傀然独立天地之间而不畏，是上勇也。礼恭而意俭，大齐信焉而轻货财，贤者敢推而尚之，不肖者敢援而废之，是中勇也。轻身而重货，恬祸而广解，苟免，不恤是非、然不然之情，以期胜人为意，是下勇也。

天下有道时，敢于挺身而出；先王有治国之道，敢于忠诚地执行先王的意志；对上不服从乱世的君主，对下不与乱世的人同流合污；符合仁义，就无所谓贫穷，丧失了仁义，就无所谓富贵；天下人了解他，就与天下人共甘；天下人不了解他，就岿然独立于天地之间而无所畏惧，此乃上勇。

（四）终极承担

最后，孟子继承孔子之道，亦追求一种德性至上的人格境界。孔孟儒学的人格境界论有两个要点，一是它的终极至上性，即与天道相联系的"圣"的境界；二是它的经世致用性，即与人道相联系的"凡"的现实。前者是最高的理想，后者是理想的实现途径，两者之间密切沟通，不可脱离。有的论者只看到儒学的世俗伦理的一面，不承认它的超越性；有的论者又只看到儒学的高明理想的一面，不承认其所具有的普适性、现实性。关键的问题是要理解天道与人道、神圣与凡俗的贯通。这是传统知识分子的人格理想和行为模式。

孟子的人格境界论以"圣"为至上，以"诚"为中心。太史公在《史记·孟子荀卿列传》中说孟子"受业子思之门人"，《中庸》一书又与子思相关，因此《中庸》中的思想对孟子产生了很大的影响，这尤其表现在"诚"的观念上。《中庸》说："自诚明，谓之性；自明诚，谓之教。诚则明矣，明则诚矣。唯天下至诚，为能尽其性；能尽其性，则能尽人之性；能尽人之性，则能尽物之性；能尽物之性，则可以赞天地之化育；可以赞天地之化育，则可以与天地参矣。""自诚明"即天之道，"自明诚"即人之道，两者殊途同归，至诚即可通达为一。

孟子说："是故诚者，天之道也；思诚者，人之道也。至诚而不动者，未之有也；不诚，未有能动者也。"(《孟子·离娄上》)唯至诚才能"动",能"动"才能尽人物之性,能尽人物之性才能参赞天地之化育。此种境界《中庸》亦尝论及。如《中庸》中"赞天地之化育"即孟子所谓"万物皆备于我",而"与天地参"即孟子所谓"上下与天地同流"。

孟子以"诚"为修身之本,以"圣"为修身之依归。他把修身之进阶简述为:"可欲之谓善,有诸己之谓信,充实之谓美,充实而有光辉之谓大,大而化之之谓圣,圣而不可知之之谓神。"(《孟子·尽心下》)这里列出了修身的六个层次:善、信、美、大、圣、神。可谓层层递进。他说:"形色,天性也;惟圣人,然后可以践形。"(《孟子·尽心上》)践形即把"诚"完全化于己身,从而成己成物,可谓修身之极致。践行者,德蓄其身,英华发外:"君子所性,仁义礼智根于心,其生色也,睟然见于面,盎于背,施于四体,四体不言而喻。"(《孟子·尽心上》)

孟子的人格境界论虽有其极高的超越性,但又"极高明而道中庸",它总是展现在最平实的日用伦常之中。他说:"尧舜之道,孝弟而已矣。子服尧之服,诵尧之言,行尧之行,是尧而已矣。"(《孟子·告子下》)孝悌之义,虽愚夫愚妇亦能行也。

圣凡之别即在能否善推此孝悌之义。孟子说:"老吾老,以及人之老;幼吾幼,以及人之幼。天下可运于掌。《诗》云:'刑于寡妻,至于兄弟,以御于家邦。'言举斯心加诸彼而已。故推恩足以保四海,不推恩无以保妻子。古之人所以大过人者,无他焉,善推其所为而已矣。"(《孟子·梁惠王上》)可见,孟子的人格境界论即凡即圣,一以贯之,要在能以德性为至上、以至诚之仁义为根本。

六、亲情伦理

有关"亲亲互隐"的观念与容隐制度,看起来是古老的话题,其实又是极其现代而又现实的问题。儒家一直强调"天理""国法""人情"的统一,这在互隐观与容隐制上可以得到证实。当然,谈这个问题并不局限于《孟子》,也涉及《论语》及其他的文献。

(一)基本文献解读

我们先来看三处基本文献的要旨,一则出自《论语》,两则出自《孟子》。《论语·子路》第十八章载：

> 叶公语孔子曰："吾党有直躬者，其父攘羊，而子证之。"孔子曰："吾党之直者异于是：父为子隐，子为父隐，直在其中矣。"

这里说的是，叶公告诉孔子，他们乡党中有个"直"人，告发自己的父亲攘羊。"攘"字，有的注疏家认为是顺手牵羊的意思。有人解释"攘"为：夜幕降临，赶羊归圈栏时，人家的羊随自家的羊进了自家的圈栏，自家没有及时归还。"而子证之"的"证"，是"告发"的意思。孔子对叶公的回答是，在自己的乡党中，"直"者与此相反，"父为子隐，子为父隐"，"直"就在这里面。什么是"隐"呢？这里我们首先要理解，"隐"只是不宣扬亲人的过失。叶公和孔子对"直"的看法很不一样，那么，"直"究竟是什么意思呢？《论语》中孔子讲了不少"直"德，特别讲要正直、磊落，直德，正道直行，为政者要"正"，处事公道，要把正直的人提拔出来，放在邪曲的人之上（"举直措诸枉，能使枉者直"）等。

据《左传·昭公十四年》的记载，孔子也表彰了叔向多次揭发其弟叔鱼，说"治国制刑，不隐于亲"，肯定叔向为"古之遗直"。那么我们要问：孔子在这里为什么要这样讲呢？是不是有违"公正"，甚至"违法"呢？孔子显然保护"私"领域，把亲情与家庭看得很重，非常害怕官府、"公家"或权力结构破坏亲情与"私"领域。在发生价值冲突时，首要保护父子等亲情，在没有调查清楚事实真相并作出判断之前，先不宣扬亲人的过失。

为什么传统的民间习俗，乃至上层社会的伦理法系，都肯定"父子互隐"而否定父子相互告发呢？如果从深度伦理学上来看，我们不难发现，孔子的直德亦有其根据。从人情上、心理上看，父子相互告发，说明他们之间早就有了问题，是一对问题父子。父不慈子不孝，为仁之本上出了问题。这对问题父子甚至远不只是在慈孝上发生了问题。

孔子显然不愿意看到父子相互告发、相互残杀成为普遍现象，因此选择维系亲情，亦即维系正常伦理关系的合理化、秩序化的社会。作为一个社会中人，每个人既是一个伦理的人（是父母亲的儿子，又是儿子的父亲，是妻子的丈夫等），又是一个政治的人（有社会身份，受制于法）。那么，试问，何以调节"情"与"法"、"公"与"私"、"大公"和"小公"之间的关系呢？孔子在这里是不是主张"徇情枉法"呢？当时的"法"如何对待此类事情呢？这些都有待于我们进一步的思考。

第二个文本，《孟子·尽心上》第三十五章载：

桃应问曰："舜为天子，皋陶为士，瞽瞍杀人，则如之何？"孟子曰："执之而已矣。""然则舜不禁与？"曰："夫舜恶得而禁之？夫有所受之也。""然则舜如之何？"曰："舜视弃天下犹弃敝蹝也。窃负而逃，遵海滨而处，终身訢然，乐而忘天下。"

学生桃应问孟子："舜当天子，任命皋陶当士官，假设舜的父亲瞽瞍杀人，皋陶应该怎么办呢？"孟子答道："当然是把瞽瞍抓起来。"桃应问："难道舜不会制止吗？"孟子答道："舜怎么能制止呢？舜授命于皋陶，让他执法。"亦即舜没有以天子的地位赦免其父。这是引文的前一半内容，指尊重、遵守法的层面。在后一半，桃应问："那么，舜接下来该怎么办呢？"

（明）仇英绘《二十四孝册·大舜孝感动天》

孟子做了一个巧妙的回答："在舜看来，放弃天下如同扔破草鞋一样，他很可能偷偷背着父亲瞽瞍逃跑，沿海滨而住，终身高高兴兴地享受天伦之乐而忘却了掌握天下的权力。""海滨"指当时的山东沿海一带，僻远而贫穷，去那里，跟流放的性质差不多。

'桃应'章把忠、孝两难的问题凸显了出来。不仅中国人讨论这个问题，外国人也讨论。法国思想家萨特曾经讲到一个例子，一位失去长子的母亲，她的第二个儿子又想从军抗击法西斯，此时，在忠与孝面前，就存在两难抉择。孟子为舜所进行的假设，照应到两面：一方面，舜肯定皋陶对其父亲的抓捕；另一方面，舜的所欲所乐不在于当天子，不在于执掌广土众民，因此宁肯自我放逐，也要与父亲在一起，尽管父亲曾经与继母、异母弟一起追杀过自己。有人认为，这是孟子主张"以权谋私"、破坏公法的铁证。我看也未必。下面我们再继续讨论。

第三个文本，《孟子·万章上》第三章载：

万章问曰："象日以杀舜为事，立为天子，则放之，何也？"孟子曰："封之也，或曰放焉。"万章曰："舜流共工于幽州，放驩兜于崇山，杀三苗于三危，殛鲧于羽山，四罪而天下咸服，诛不仁也。象至不仁，封之有庳。有庳之人奚罪焉？仁人固如是乎？在他人则诛之，在弟则封之？"曰："仁人之于弟也，不藏怒焉，不宿怨焉，亲爱之而已矣。亲之欲其贵也，爱之欲其富也。封之有庳，富贵之也。身为天子，弟为匹夫，可谓亲爱之乎？""敢问或曰放者，何谓也？"曰："象不得有为于其国，天子使吏治其国，而纳其贡税焉，故谓之放。岂得暴彼民哉？虽然，欲常常而见之，故源源而来。'不及贡，以政接于有庳。'此之谓也。"

　　这里，也有一个很巧妙的设计。孟子面对两种立场、两种声音。第一种声音是："为什么流放亲弟弟呢？"第二种声音是："为什么封赏有罪的弟弟呢？"学生万章向孟子请教："舜的同父异母弟弟象，曾经图谋杀死舜。舜成为天子后，马上将他流放，为什么这样不讲亲情呢？"提出这一问，说明直至战国中期，人们对周初的分封制仍是认同的，如果兄长坐了天下，不加封反而流放自己的弟弟，其合法性会遭到社会的质疑。孟子因此辩解道："哪里是流放他，那是分封他呀！"万章又代表第二种立场或声音，问："舜流放共工、骧兜，诛杀三苗、鲧，这是惩罚不仁之徒，令天下人信服。象如此不仁，为什么舜不惩罚他，却把他分封到有庳国当国君呢？有庳之人何罪之有，却遭此不幸？难道圣人就是这样吗？对待他人，就可以处罚；对待自己的弟弟，不罚，反而封之？"孟子回应第二种观点："仁者对待亲兄弟，不会隐藏怒气，不会积累怨恨，只会亲之爱之。亲之，就要使他贵；爱之，就要使他富。舜分封象到有庳国，正是希望他富贵。如果舜身为天子，他的弟弟是匹夫，怎么能说是亲爱呢？"万章又巧妙地继续追问："何谓放呢？为什么有人说是'放'而不是'封'呢？"孟子又回过头去说："其实，象在有庳国也不能为所欲为，舜派了官吏监管他，帮他治理国家，并且收其贡税，所以有人说是变相的'放'。象怎能有机会残暴地对待国民呢？另一方面，这样做，也能让象不时有机会去朝见舜，联络兄弟的感情。"

总的来说，"桃应"章是很有深意的伦理两难的设计，其所蕴含的高超智慧绝非直线式的批评者所能理解。实际上，孟子师徒假设的舜的应对方略，既维护了司法公正，又避免了公权力的滥用，而以自我放逐来保全忠孝、情法之两边。"封之有庠"的设想离不开周代分封制，分封象是一种政治智慧，即对象予以管束。古代的社会、政治、法律之思想或制度，与核心家庭的伦理、社群的整合、家国天下秩序的建构，是基本协调的，当然不免有矛盾与紧张。分析、评论这些资料，只能放到彼时的社会结构、历史文化、价值系统的背景上，而且要善于发掘其中有深意的、超越时空的价值。

（二）论"直""隐"与"爱有差等"

如何理解孔子所说的"直"，如何理解"隐"呢？前面实际已涉及一点。我们知道，父子一伦是天伦。父子、兄弟等亲情的护持，根源于天理。孔子是主张"无讼"的。《荀子·宥坐》和汉代刘向的《说苑》都记载了这样的故事，孔子在鲁国做司寇时，有一对父子有诉讼，孔子三个月不判，做工作，使父亲撤诉，父子重归于好。孔子的"直"，其实是主张人与人之间的真情实感，主张做人要表里如一，不矫揉造作，不屈己奉人。"直躬"是沽名钓誉，"买直"，以告发父亲来博取"直"名。我们对父母、兄弟的感情，是人最为切近的一种感情。孔孟儒家立足于自然真情来讲孝道，当然，这种孝道在后来的传统社会中发展为愚孝，有很大的流弊，那是另外一回事。原始儒家的仁爱，是从对亲人的爱开始的，由此推扩开来。"亲亲相隐"，不是说要将儒家的仁爱封闭、局限于血缘亲情的方面，而是如孟子说的"亲亲而仁民，仁民而爱物"。"亲亲"是儒家仁爱思想的立足点。

中国台湾学者庄耀郎先生对《论语·子路》第十八章的解读是深刻的。他认为，核心的问题在于：执法和人情是否有冲突？叶公的立足点显然是以"法的公平性""法无例外"的观点说"直"，也是从执法人的立场出发论"直"；孔子则不然，是从人情之本然恻隐处论"直"，是人心人情之"直"，是从当事人的立场说人情之"直"。从表面上看，这两说存在对立，实则其中有一"理序"上的问题，也就是理论上孰先孰后的问题，如果"法"的设立在于济"礼"之不足，也就是说，当"礼"这种以文化来调节社会的力量显得不足时，"法"以强制力来维持社会的秩序。既然法的目的在此，那么，它必须具有可行性，而可行性的条件，必然追究到立法的根据，这无外乎人情之实。以情为本，法才不至沦于抽象蹈空，强为划一。这样说来，人情之实是立法之根源、根据，法的公平性、无例外性，则是适应人情所作的外在化、规范化。可见，人情、法律是先后问题。法理必据于人情，法律则规范人情，人情和法律两者是统一的而非对立的（庄耀郎：《〈论语〉论"直"》）。当然，由于我们人是生活在社会中，具有多面性，因此，在处理人情法理的问题上，经常有矛盾性。但是，从整体上讲，绝不是法可以决定一切的，作为法理背景的人情，可能具有更大的调节作用。

我们再来看"隐"和"犯"的问题。有关"隐"与"犯"的问题，是中国文化思想史上的常识问题。《小戴礼记·檀弓》云：

> 事亲有隐而无犯，左右就养无方，服勤至死，致丧三年。事君有犯而无隐，左右就养有方，服勤至死，方丧三年。事师无犯无隐，左右就养无方，服勤至死，心丧三年。

也就是说，侍奉亲人，要有隐无犯，对亲人的短处，不要声张，也不要直言相谏。服侍父母，要勤恳周到。父母过世，须服丧三年（实际是二十五个月）。侍奉君主则不然，要有犯而无隐，君主的缺点和失误，要直谏无隐，但侍奉君主和侍奉父母一样，要勤恳忠诚。君主去世，虽在感情上不一定如父母去世那般悲痛，但也须守丧三年，服饰、行为上也有规定。侍奉老师，则须无犯无隐，老师逝世，虽不用如父母去世那样在服饰、行为上守丧三年，但须心丧三年，悲情是真诚的。可见，儒家的主张，对父母、君主与老师的侍奉及批评与纪念的方式、方法是有区别的。儒家的道理，理一而分殊，即在儒家普遍的、与天道相接的人道仁义原则之下，父母子女间、君臣间、师生间有着略相区别的伦理规范原则。

那么，直接来讲，"隐"是什么呢？"犯"又是什么呢？"隐"是不是无原则地包庇、窝藏呢？关于"隐"，《论语》中有"言及之而不言谓之隐"（《论语·季氏》）。这是重要的内证。再请看古代精通儒学的注疏专家们对上引《檀弓》一段文字的解释。郑玄说："隐，谓不称扬其过失也。无犯，不犯颜而谏……事亲以恩为制，事君以义为制，事师以恩义之间为制。"也就是说，"隐"是不公开谈论、不宣扬（父母的过失），"犯"是犯颜直谏。儒家一贯强调私恩与公义的差别，区分公共领域与私人空间。大小戴《礼记》和郭店楚简都有"门内之治恩掩义，门外之治义断恩"（"断"字，郭店楚简作"斩"）的论说，在实践上更是如此。门内以恩服为重，门外以义服为重，私恩与公义是有明确界限的。

孔子赞扬叔向多次揭发其弟叔鱼利用公权力受贿卖法，因为这涉及的是公共事务领域。孔子、孟子都肯定周公平管蔡之乱，杀管叔，放蔡叔，因为他们是国家公职人员，且这是涉及国家安全的大事。前面我们提到郑玄注文中有"事亲以恩为制，事君以义为制"。怎么能说儒家只讲亲情，不讲正义、公正、公德？怎么能把今天贪污腐败的根子找到儒家价值上？在公共领域与事务中，以"义"为原则；在私人领域与事务中，注重"恩"情的培护。"隐"只是"不称扬其过失"。对亲人的"隐"与"无犯"，只限于小事，限于民事纠纷，不会扩大到杀人越货的范围。所以，孔颖达说："亲有寻常之过，故无犯；若有大恶，亦当犯颜。故《孝经》曰：'父有争子，则身不陷于不义。'"可见亲情回护的分寸！当亲人有大奸大恶时，不能隐藏，而须犯颜直谏，当直谏时则直谏，否则，会陷亲人于不义。这就像《孝经》所讲，父亲若有一个耿直的儿子，就不会陷于不义。这都是具体的理性。

就一般而言，如清人孙希旦说："几谏谓之隐，直谏谓之犯。父子主恩，犯则恐其责善而伤于恩，故有几谏而无犯颜。君臣主义，隐则恐其阿谀而伤于义，故必勿欺也而犯之。师者道之所在，有教则率，有疑则问，无所谓隐，亦无所谓犯也。"（《礼记集解》）这些解释是有所本的。父母子女间，在寻常事中不必犯颜。事事当面批评，求全责备，怒目相向或反唇相讥，会伤害源之于天的天下最亲的亲情。此即孔子主张既不盲从于父母，而又和颜悦色地劝谏，亦即《论语·里仁》所讲："事父母几谏。见志不从，又敬不违，劳而不怨。"这些有助于我们理解《论语·为政》中的孟懿子问"孝"，孔子答曰"无违"。这里的"无违"与上引《里仁》的"无违"一样，其实就是"无违礼"。

古代称背礼者为"违"。所谓"孝"者"无违"，并非指事无巨细都不敢违背父母，而是不违背礼数，这也包含着对父母不合乎社会规范的要求并不都去满足或迁就的内容。当然，要讲究方式方法。孙希旦所说"恐其责善而伤于恩"，源于《孟子·离娄上》："父子之间不责善。责善则离，离则不祥莫大焉。"孟子认为，父子之间不应该你指责我，我指责你。这都是为了护持、培养亲情，有一个健康和睦的家庭。君臣之间则不然，距离感很强，事事都可以犯颜直谏，这里有一个维持正义、正气的问题，深恐在公共事务中徇情枉法，或在政治生活中形成儒家最憎恶的阿谀逢迎之歪风邪气。所以，《左传·桓公二年》讲："君违，不忘谏之以德。"

接下来，我们讨论一下孟子赞同舜窃父而逃、封弟有庳的举动。孟子是不是赞成腐败、徇私舞弊、徇情枉法？儒家"亲亲相隐"的提倡，是不是腐败的根源？儒家是不是该对后世的腐败现象负责任？什么是腐败呢？一般而言，是指对公权力的滥用。我们看《孟子·尽心上》里桃应的假设，皋陶既然为"士"，他的职责当然是维护法的公平性，而法的公平性是建立在人人平等、没有特权的基础上。所以，假如舜的父亲瞽瞍杀人，即便瞽瞍有天子之父的尊位，皋陶也不能让他逍遥法外，而应将其绳之以法。这时，舜何以自处呢？舜既是天子，也是人子，如何平衡两者之间的矛盾呢？

孟子给舜出的主意是：让舜从公权力的职分上离开，与父亲在一起，享受天伦之乐。孟子这样一个设计，主张的是不以权力破坏法。一方面针对天子的尊位，另一方面针对亲子的情感，两者都不相伤，这与孔子讲人心之"直"是一致的。"直"

是至情，是天性之常，是内在人心，是人性本有。《孟子·尽心上》讲君子"三乐"："君子有三乐，而王天下不与存焉。父母俱存，兄弟无故，一乐也；仰不愧于天，俯不怍于人，二乐也；得天下英才而教育之，三乐也。君子有三乐，而王天下不与存焉。"所谓"父母俱存，兄弟无故"，就是天伦之乐。孟子所谓"乐"，最终是基于人心的。他讲舜可以窃负而逃，也就是说，在被逼上绝路时，丢弃天下，选择父亲，其根源正在于维护人性之本。

"直"是内在于人心、普遍于人性的东西。正如庄耀郎先生前引文章中所说，这种普遍性和法的普遍性意义不同。内在于人心的普遍性是一种具体的普遍性，此种普遍性的存在，可以作为制定法律的依据。法律的普遍性则是适用对象的普遍性。换句话说，凡依人性而制定的法律，其适用的对象可以无外，两者不必冲突。我们要考虑的是，孟子所构设的，是将对象推到最极端的情势下，让人去考量，人性最本源的东西在哪里？当然，孟子的答案是：亲子之情。如果没有这样一个东西作为基础，即使再制定多少法律，这个社会都没有办法安定（庄耀郎《〈论语〉论"直"》）。

宋代诸儒也喜欢讨论《孟子·尽心上》的这则故事。例如杨时说：

父子者，一人之私恩。法者天下之公义。二者相为轻重，不可偏举也。故恩胜义，则诎法以伸恩；义胜恩，则掩恩以从法。恩义轻重不足以相胜，则两尽其道而已。舜为天子，瞽瞍杀人，皋陶执之而不释。为舜者，岂不能赦其父哉？盖杀人而释之则废法，诛其父则伤恩。其意若曰天下不可一日而无法，人子亦不可一日而亡其父。民则不患乎无君也。故与其执之以正天下之公义，宁窃负而逃，以伸己之私恩。此舜所以两全其道也。（《龟山集》卷九）

杨时认为，"私恩"和"公义"两者不可偏废，两全其美是最好的。所以，如果舜的父亲杀人，舜赦免了父亲，就是漠视法律；假如舜惩罚了父亲，就是伤害恩情。这两种做法都不好，因为天下不可一日无法，同时，人子不可一日没有父亲。此时，舜的两全之道唯有：既同意法官逮捕自己的父亲，以扶正天下公义；又窃负而逃，以彰显人伦至情。

联系当今社会的贪污问题，孟子的设计很有意思，因为他是建议逃到法网之外。现在社会当然不同了，是无所逃于天地之间的科层社会了。孟子的时代、前现代社会，是存在法网之外的世界，即贫瘠的偏远之地。当舜逃亡时，他已经没有人主之职，无所谓公权力。舜没有利用公权力帮助父亲逃避罪责，故不能称为贪赃枉法。他只是作为人子，背负父亲到法网之外，过野人一样的生活。他这叫自我流放。所以说，舜的所作所为，与今天贪官污吏的所作所为，不是一回事。

紧接着，我们谈谈"亲亲"和"爱有差等"的问题。"亲亲"，不等于"亲亲互隐"，不等于"亲亲至上"，不等于"亲情唯一"。因为儒家不仅只有"亲亲"的原则，还有"尊尊"的原则和"贤贤"的原则。"亲亲"要求"父慈、子孝、兄友、弟恭"，即家庭内部成员互相爱护团结；"尊尊"则不仅要求在家庭内部执行，还要求在贵族之间、贵族与平民之间、君臣之间都要讲尊卑关系，讲秩序和等级；"贤贤"即尊重贤人，"举贤才"，"唯才是举"，创造条件让平民参政，增加政治的活力。

儒家除"礼"之外，还有"义"的原则等，与"仁"的原则相互补充、制约。这个"义"，不仅仅在礼治的框架下，有时又突破它的限制，涉及小民的生存权、受教育权等，乃至关心孤寡、减小贫富悬殊、防止公权力滥用等有关社会公正问题，这些都涉及道义、公平等，当然是指那个时代的道义、正义。儒家思想是一个系统，"亲亲"只是其中一个小小的方面，绝不是其全部。"仁"是"亲亲"的推广，"义"是"尊贤"的推广。父子以天合，君臣以义合。

据《论语·学而》记载，有子讲："君子务本，本立而道生；孝弟也者，其为仁之本与？"如何理解这一句话？《孟子·离娄上》讲："事孰为大？事亲为大。"《孟子·万章上》也讲："孝子之至，莫大乎尊亲。"什么意思呢？有人认为这就是儒家把血缘亲情视为唯一、至高无上的铁证。

其实朱子《集注》中引程颐的解释十分明确："仁"即"性"、即"本"，"孝弟"则为"用"，乃"仁之一事"，并非"本"，故"仁为孝弟之本"；至于有子所谓的"孝弟也者，其为仁之本与"，其中所谓的"为仁"即"行仁"，即"行仁自孝弟始"。所以说，"孝弟"是"行仁"之始，而非"孝弟"乃"仁"之始，亦非指"由孝弟可以至仁"。"孝弟"不能与"仁"打上等号。因此，对儒家伦理来说，本源根据是"仁"或

"性"，而不是"孝弟"。

《礼记·祭义》讲："立爱自亲始。"这个"爱"，是孔子讲的"仁者爱人""泛爱众"。将"立爱自亲始"和"体仁足以长人"结合起来，我们就容易理解"亲亲为大"的含义了：仁爱是从爱亲开始的；对于亲亲之仁的体认，可促使人成长为"人"。在一个正常健康的家庭中，在浓浓亲情的氛围中成长起来的孩子，走上社会，心理上会比较健康；在家中学习了与祖父母、父母亲、兄弟姊妹相处，走上社会，容易与人相处。而"子告父"的家庭、舜所处的家庭，都属于问题家庭。

我们经常说："忠臣孝子。"有人问：孝子一定是忠臣吗？"忠"与"孝"的张力何在呢？"亲亲"一定能"仁民"吗？"齐家"一定能"治国"吗？当然，这不是一个形式逻辑的问题，仅"亲亲"未必能"仁民"，仅"齐家"未必能"治国"，有道理；但同时，我们不能因此就否认，"亲亲"可以"仁民"，"齐家"可以"治国"。我们不能断然否定，"亲亲"的人格成长和发展，有利于"仁民"的人格成长和发展；"齐家"能力的增长，也可以促进治国能力的增长。其实，修齐治平、亲亲仁民爱物云云，是生命的体证与实践，不是形式逻辑的问题，更不是由逻辑可以推出的。

　　理性与逻辑可以取代仁德吗？相信绝大部分人的回答是否定的。退一步讲，即便从逻辑上说，当儒者能"亲亲"到极限，也就一定能同时"仁民"乃至"爱物"到极限。因此，强调"亲亲"和"齐家"，不是"仁民"的充分且必要的前提，但并非否认它是必要条件。必要条件是说，它并不必然推出结论；充分且必要条件是说，结论必然可从前提中推论出来（龚建平《逻辑是否可以取代仁德》）。孙中山先生曾说，即使有再好的制度，最终也需要人来维护、执行。法律和制度再细致，也无法取代人。这话很有道理，从中可见，"人"是非常重要的。儒家的"亲亲"，强调的正是"人本"。

　　再看"爱有差等"，这是否意味着儒家的"仁爱"本身不具备普遍性？这让笔者想到孟子对墨者夷之的"爱无差等，施由亲始"的批评。夷之在大原则上讲"兼爱"，在表现上又主张"自亲者始"。孟子批评为"是二本也"。牟宗三先生说："'仁'是个普遍的道理，这个道理必须是可以表现的。人的表现跟上帝的表现不一样，因为上帝没有时间性、空间性，而人表现'仁'这个普遍的道理有时间性。上帝可以爱无差等，人

怎么可以爱无差等呢？"（《宋明儒学的问题与发展》）

　　有人认为，西方基督教的爱是唯一具有普遍性的爱，而儒家的爱不具有普遍性。我不否认西方基督教之爱的重要性，它已经成为西方法治社会的文化土壤。试想，如果西方社会没有宗教伦理作滋润，将变成怎样一个社会？反过来，中国也是一样。如果我们将中国文化的土壤——传统儒家伦理，糟蹋得一无是处，中国现代社会的健康、持久发展，又从何谈起？没有中国人的"族群认同""伦理共识"与"终极关怀"做基础，如何有健康的法治社会的建设？

　　爱有差等，是人之常情。我爱我的父母，也爱你的父母，但程度不可能完全一样。这种爱的差别，与"仁者爱人"所说的爱的普遍性，不是一回事。儒家提倡"泛爱众"（孔子）、"亲亲而仁民，仁民而爱物"（孟子）、"民，吾同胞；物，吾与也"（张载），都是从爱亲人开始的，由人的恻隐之心，推己及人，不断推扩开来。我们每个人，都是从生命内部出发，来慢慢体验仁爱的普遍性。我们每个具体的人对父母的爱、对亲人的爱与对同事的爱是"无差等"的吗？所有的、无论东西方何一时代的人，对自己父母的爱与对别人父母的爱，对自己的妻（或夫）的爱与对别人的妻（或夫）的爱是"无差等"的吗？

七、历史影响

孟子是继孔子后儒家学派中又一位集大成者。起初有"周孔"并称，其后有"孔孟"并称，且孟子被后世尊为"亚圣"，其影响可见一斑。冯友兰先生说："孔子在中国历史中之地位，如苏格拉底之在西洋历史，孟子在中国历史中之地位，如柏拉图之在西洋历史，其气象之高明亢爽亦似之。"（《中国哲学史》）

《史记·儒林列传》载：

自孔子卒后，七十子之徒散游诸侯，大者为师傅卿相，小者友教士大夫，或隐而不见。故子路居卫，子张居陈，澹台子羽居楚，子夏居西河，子贡终于齐。如田子方、段干木、吴起、禽滑釐之属，皆受业于子夏之伦，为王者师。是时独魏文侯好学。后陵迟以至于始皇，天下并争于战国，儒术既绌焉，然齐鲁之间，学者独不废也。于威、宣之际，孟子、荀卿之列，咸遵夫子之业而润色之，以学显于当世。

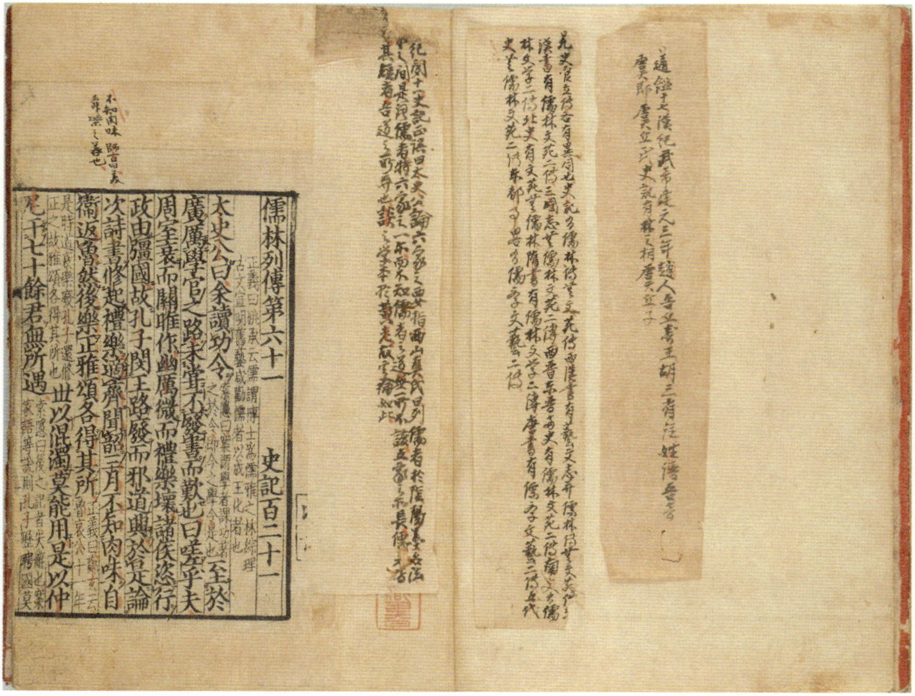

南宋黄善夫刻本《史记》内页

孔子没后，能以学显于当世者唯孟子、荀卿。《韩非子·显学》云："自孔子之死也，有子张之儒，有子思之儒，有颜氏之儒，有孟氏之儒，有漆雕氏之儒，有仲良氏之儒，有孙氏之儒，有乐正氏之儒。"孟氏之儒即孟子一派，孙氏之儒即荀卿一派。孟子于当时"后车数十乘，从者数百人，以传食于诸侯"（《孟子·滕文公下》），其声势有如此。司马迁在《史记·孟子荀卿列传》中说：

孟轲，驺人也。受业子思之门人。道既通，游事齐宣王，宣王不能用。适梁，梁惠王不果所言，则见以为迂远而阔于事情。当是之时，秦用商君，富国强兵；楚、魏用吴起，战胜弱敌；齐威王、宣王用孙子、田忌之徒，而诸侯东面朝齐。天下方务于合从连衡，以攻伐为贤，而孟轲乃述唐、虞、三代之德，是以所如者不合。退而与万章之徒序《诗》《书》，述仲尼之意，作《孟子》七篇。

太史公说孟子"受业子思之门人"，赵岐在《孟子题辞》中又说孟子："长师孔子之孙子思，治儒术之道，通五经，尤长于诗书。"（《孟子正义》）可见孟子实承子思之学以续孔门学脉，思孟学派其来有自。

韩愈在《原道》言："尧以是传之舜，舜以是传之禹，禹以是传之汤，汤以是传之文、武、周公，文、武、周公传之孔子，孔子传之孟轲。轲之死，不得其传焉。"韩愈以孟子为孔子正传，此道统之说所由起。他又说："孔子之道大而能博，门弟子不能遍观而尽识也，故学焉而皆得其性之所近。其后离散，分处诸侯之国，又各以其所能授弟子，源远而末益分。惟孟轲师子思，而子思之学出于曾子。自孔子没，独孟轲氏之传得其宗。故求观圣人之道者，必自孟子始。"（《四书章句集注》）可见，孔子后能传圣人之道者非孟子莫属。孟子曰：

由尧舜至于汤，五百有余岁，若禹、皋陶，则见而知之；若汤，则闻而知之。由汤至于文王，五百有余岁，若伊尹、莱朱则见而知之；若文王，则闻而知之。由文王至于孔子，五百有余岁，若太公望、散宜生，则见而知之；若孔子，则闻而知之。由孔子而来至于今，百有余岁，去圣人之世，若此其未远也，近圣人之居，若此其甚也，然而无有乎尔，则亦无有乎尔。（《孟子·尽心下》）

"然而无有乎尔，则亦无有乎尔"即显示孟子隐然以继孔子之业为己任。（冯友兰《中国哲学史》）孟子尝言："乃所愿，则学孔子也。"（《孟子·公孙丑上》）又曰："夫天未欲平治天下也；如欲平治天下，当今之世，舍我其谁也？"（《孟子·公孙丑下》）孟子真当世之豪杰，自觉担当以继承周公、孔子之志。然每一时代有每一时代之责任，所谓"易地则皆然"，孟子自有其新命。他说："昔者禹抑洪水而天下平，周公兼夷狄、驱猛兽而百姓宁，孔子成《春秋》而乱臣贼子惧。……我亦欲正人心，息邪说，距诐行，放淫辞，以承三圣者；岂好辩哉？予不得已也。"（《孟子·滕文公下》）辟杨、墨、许行是不得已而为，乃时势使然，亦孟子知命、立命之所在也。

与荀子侧重礼论等政治建构不同，孟子更重视心性修养，开出了后世心学一脉。宋明时期陆王心学实直承孟子而来。心学一脉打开了儒学极尽精微的一面，使其足可以融摄佛老。孟子道性善，性善说是心学的核心。在《孟子》七篇中有对性善说的详细说明与论证。孟子以四端之心论性，使人之善性有其着落，落于身之主宰——人心处。孟子的性善说奠定了中国古典人性论的基调，且早已深入民族文化心理之中，影响着一代代国人。孟子主张大丈夫气节，提倡养浩然之气，强调培养德性至上的人格境界，这些思想都鼓舞着后世一代代学人。

孟子不但重视内圣之学，且同样重视在内圣之学基础上开出的外王思想。孟子在"不忍人之心"的基础上提出了"不忍人之政"即仁政学说，指出为政者要善扩充此"不忍人之心"，如此方能保四海、王天下。他指出为政者要省刑罚、薄税敛，不违农时，此皆是为民计。他提出"民贵君轻"一说，肯定汤武革命，其"诛独夫"的革命论对后世的政治变革影响深远。他提出的尚贤思想、选才于民的主张，进一步优化了后世的政治结构。他指出为政者要听取民意，主张限制君权，提出以德位对抗爵位，凡此皆影响着后世的政治格局。

此外，孟子的人禽之辨、义利之辨、王霸之辨对宋明儒学有很大影响，这些争辩一度成为当时争论的焦点话题。

孟子在中国哲学史上起到了承前启后的作用。起初，其地位或高或低，其影响或明或暗，直至宋代《孟子》位列四书之一，孟子地位一跃而升，与孔子并列，其思想始大兴。其后孟子的影响从未中绝。

与宋代新儒家相区别，近世有所谓现当代新儒家一派，熊十力、牟宗三等是其代表人物。此派新儒家更是深受孟子心学之影响而兴起，旨在发掘孟子思想的现代意蕴，以此挺立当下人之生命，并努力开出新的外王思想，以与当下西方进步思潮相激荡、相发明。于此可见，孟子思想于当下或可又有一兴。

第四章

《中庸》导读

　　《中庸》的形上学意味浓，在中国哲学史上，我们一般说《易传》《中庸》学代表了儒家形上学的传统。按照牟宗三先生的讲法，二者代表了天道、诚体等形上学中客观性的一面。从大的历史脉络来说，汉以后，特别是经过隋唐对源自印度的佛教思想的消化吸收，到了宋代，中国学术的主流重新回到了儒学传统上来。理学家讲学问主要依据《大学》《中庸》《论语》《孟子》和《易传》这五部儒家经典，因此相比于《诗》《书》《礼》《易》《春秋》五经，这五部书又称为"新五经"。

　　当然，理学的兴起涉及宋代经济的发展、市民化的出现和文化的普及，以及相应的四书升格运动等复杂的社会历史因素，这被认为是中国社会近世转型的早期形式，日本学者内藤湖南的"唐宋变革论"就持这样的观点。现在我们讲《中庸》，是通识的讲法，不能深入地谈《中庸》的形上学及其学术史背景。不过，以上这些内容，我们在读《中庸》之前应该有大致的了解。

一、"中庸" 原意

（一）中庸的起源

"中庸"的思想，起源于上古时代。《论语·尧曰》记载，尧禅位于舜，舜禅位于禹，唯一告诫的话是，一定要做到"允执其中"，允是信的意思。传位者说：如不真诚地实践中道，四海的百姓穷困，你的禄位就会永绝。使用、奉行"中"道，是圣王相授受的经国大道。《尚书》中的《周书》，有《洪范》与《吕刑》两篇，都提倡中道。《洪范》高扬"三德"，以正直为主，有刚有柔，求得刚柔相济的中正平和。《洪范》的"皇极"，即是"无偏无陂（颇），遵王之义……无偏无党，王道荡荡；无党无偏，王道平平；无反无侧，王道正直；会其有极，归其有极"的政治哲学智慧。所谓"极"，原指房屋的大梁，乃房屋中最高、最正、最中的重要部件，引申为公平正直、大中至正的标准。

我们俯瞰北京城，从天坛到紫禁城到明十三陵，都分布在南北向的一条中轴线上，均是以这条中轴线为基准，对称平衡地建筑而成的。中国的古城大体遵循这样的理念，具有稳定的结构，有对称平衡之美。北京城是这样，西安也是这样。中正、平衡、对称，这是中国的建筑美学、城市规划的美学。

再往前追溯，辽阳的辽河流域一带，有一个距今四五千年的红山文化遗址，是新石器时代的文化遗址。在那里，也有一条中轴线，在南北向的中轴线上有祭祀上天的祭祀坛的遗存，相当于后世北京的天坛。办公的地方，房屋建筑当然非常简陋，但相当于故宫、紫禁城。也有埋葬先人的地方，叫"积石冢"，相当于明代皇室陵寝。红山文化遗址上的祭祀坛、宫室、积石冢三者也是在一条中轴线上对称平衡地展开的。在浙江余杭，距今五千年的良渚古城，也是这样的布局。

（二）中与庸

我们中华民族，她的审美，她对世界、宇宙的看法，现在称为宇宙观，认为世界上好的东西一定是对称的、中正的。有

（明）朱邦绘《明代宫城图》

云雾中若隐若现的北京皇宫紫禁城，呈现出一种对称的美。

一条主轴，有对称性、平衡性的这样一个结构，它既是稳定的，也是美的。这就是所谓的中庸。我们的先祖对宇宙的看法，慢慢传到今天。

过去我们一谈到中庸之道，就认为它相当保守、相当市侩，说它是折中主义、不讲原则，给它贴上负面的标签。其实在世界文化史上，中道的思想、中庸的思想是各民族共同的诉求。古希腊的亚里士多德，有中道的思想；印度的佛教，大乘佛学也有中道的思想。在中国学术传统中，"中庸"是至高的品德。那究竟什么是"中"？什么是"庸"？什么是"中庸"呢？我们可以作如下的归纳：

"中"字的本义，有几种说法：象射箭中靶的形状；立木表测日影的正昃；象旗子，氏族首领立旗于中，以聚四方之人等。《说文》："中，内也。从口｜，上下通。"这个"中"字，相对于"外"来说是"内"，里面；在方位上，相对于四周来说是等距离的"中心"；在程度上，是相对上等与下等的中等；在过程中，是相对于全程来说的"一半"；而相对于"偏"来说，那就是"正"，不偏不倚。段玉裁指出，"中"是相对于"外"、相对于"偏"来说的，同时又是指"合宜"的意思。我们今天讲的"中庸"之"中"，即是指适中、正当、恰如其分、不偏不倚、无过无不及的标准。

"庸"字的本义，也是众说纷纭。有人说是大钟，通"镛"；有人说是城，通"墉"；有人说是劳义，通"佣"；有人说是功义，以钟记功等。"中庸"之"庸"有三个意思：第一，何晏讲是"常"，程子讲"不易之谓庸"，即恒常而不易之理、变中不改变的道理；第二，朱子讲是"平常"，即平凡、平常之德，徐复观讲是每个人所应实践、所能实现的行为；第三，《说文》："庸，用也。"就是运用。郑玄讲，《中庸》这篇文章，是记中和之用的。

二、孔子的中庸思想

在孔子那里，中庸既是道德修养的境界，又是一般的思维方法论。

首先，我们看修养的境界。孔子说："中庸之为德也，其至矣乎！民鲜久矣。"（《论语·雍也》）"中庸"是道德修养的最高境界，一般人很难达到。

孔子的弟子子贡问他说："师与商也孰贤？"孔子回答说："师也过，商也不及。"子贡又问："然则师愈与？"孔子说："过犹不及。"这是《论语·先进》中的一段对话。

子贡姓端木，名赐，字子贡，春秋时卫国人，亦称作卫赐，是"孔门十哲"之一，擅长"语言"。子贡善货殖，在理财经商上很有成就。货殖是指聚积财物，使之生殖蕃息以图利的意思，也就是我们现在所说的经商。

师是指颛孙师，颛孙是复姓，师是名，字子张，是春秋时陈国人。孔子说"师也辟"，师就是指的他，辟通"僻"，是偏激的意思。子张性格勇武，清流不媚俗。孔子认为他的性格过于张扬，因而说他性情偏激。

商是指卜（bǔ）商，卜是氏，名商，字子夏，是春秋时卫国人，他也名列"孔门十哲"。子夏擅长文学，是孔门诗学的传人，由子夏六传而至荀卿，荀卿授浮丘伯，为《鲁诗》之祖，复授毛亨，为《毛诗》之祖。此外，《春秋》公羊、榖梁二传，皆传自子夏。孔子殁后，子夏讲学于西河，魏文侯师事之。

从性格上说，子张处事有点过头，子夏处事"不及"。一个性情张狂一点、过一点、激烈一点；一个性情迟缓一点，不足，达不到。那是不是子张过了一点更好呢？孔子回答说，过分和赶不上同样不好，都没有达到中正的标准。人要守中道，子夏的处事有一点赶不上，子张的处事有一点过头，这样都不好。

孔子称赞"中行"之士。他说："不得中行而与之，必也狂狷乎！狂者进取，狷者有所不为也。"（《论语·子路》）狂者一意向前，是豪迈慷慨之士，心地坦然；狷者毫不苟取，不要不义之财，个性独立又有修养。孔子说，实在是找不到言行合乎中道的人交朋友，那一定要交狂狷之士做朋友呀！进取的狂者与有操守的狷者都很不错，但还不是第一等人，第一等人是综合了两者之优长的中行之士。

孔门弟子说孔子的性格是"温而厉，威而不猛，恭而安"（《论语·述而》）。孔子有威仪的一面，他又很慈祥，这叫"温而厉"；"威而不猛"是说他威严，但不至于过分；"恭而安"是说他恭敬又很安详，严肃、谨慎而又很泰然。孔子还提倡"泰而不骄""欲而不贪"。舒泰而不骄纵，有欲望但不贪财。这是在人的性情、处世原则方面的中庸之道，也是修养的境界。

在文质关系上，就形式华美与内容质朴的关系来说，孔子主张"质胜文则野，文胜质则史。文质彬彬，然后君子"(《论语·雍也》)。这是形式与内容之间关系的中道。在诗歌的表达上，孔子评论《关雎》是"乐而不淫，哀而不伤"(《论语·八佾》)。快乐而不过于流荡，悲哀而不过于痛苦，这是情感表达的中道。孔子赞美《韶》乐，提出了"尽善尽美"的美学原则，这是"中和""中庸"之道在美学和艺术上的反映，当然也是一种境界。这种艺术的境界是美，它和善(道德)是连在一起的。

中庸之道不是不要原则，不是迎合所有的人，那是滑头主义的"乡愿"。孔子批评这种无原则的滑头主义，说："乡愿，德之贼也。"(《论语·阳货》)有人说儒家、孔子及其道德论是"乡愿"，说中庸之道是折中主义、苟且偷生，这当然是毫无根据的说法。

（南宋）哥窑青瓷葵口碟

此碟底面镌刻乾隆题诗，句中提到"中庸章廿九"，该章主要阐述为君之道，论述统治者的言行理应力求成为百姓的典范。

其次，我们再看一般方法论。孔子的"中庸"又是普遍的方法论。

《中庸》第二章引孔子的话说："君子中庸，小人反中庸。君子之中庸也，君子而时中。"这里提出了"时中"的问题。孔子是"圣之时者"，最有时间意识，不舍昼夜，自强不息。"时中"的意思是随时制宜，随时符合标准。例如，一个士人为诸侯所用，绝不违背做人的原则，可以当官就当，不可以当官就不当，可以做久就做久，不可以就赶快离开。当行则行，当止则止，关键是要保持独立人格与节操。如果一定时空条件下的"礼"是标准与原则的话，"时中"的要求是指人的行为与时代的要求相符合。"立于礼"，指符合礼，不是机械地拘执僵死的教条、规范。

孔子最早提出了"权"的概念。"权"是称物之锤，即民间说的"称锤""称砣"。权然后知轻重。这里用作动词，指权衡，即在道的原则下通权达变，强调动态的平衡统一、原则性与灵活性的统一。"中庸"不是线段的中点，不是僵死的，而是动态的、有弹性的标准。

孔门有一个大弟子叫有子，名若，字子有，春秋时鲁国人。有子记性佳，好古道，貌极似孔子，孔子卒后，弟子思慕孔子，乃共立有若为师，侍之如夫子生时。我们知道，在《论语》中，孔子的弟子一般都称"字"，只有曾参和有若称"子"。子就是先生，是尊称，大概传到今天的《论语》本子，是有子、曾子的弟子参与整理的，所以尊称他们的老师为子。

有子说"礼之用，和为贵"（《论语·学而》）。这是指，以一定的规矩制度来节制人们的行为，调和各种冲突，协调人际关系，使人事处理恰到好处。这是礼乐制度的正面价值。礼使社会秩序化，乐使社会和谐化。礼乐教化的人文精神是人与人、民族与民族、文化与文化相接相处的精神，或"以人文化成天下"的精神、"天下一家"的精神。"礼之用，和为贵"是协和万邦、民族共存、文化交流融合并形成统一的中华民族、中华文化的基础。

孔子还有"叩其两端而竭焉"的方法（《论语·子罕》），即不断地从两个不同的方面、端点（如阴阳、强弱、大小）去叩问，去启发，去思考并解决问题。他又提倡"执其两端，用其中于民"（《中庸》第六章），即"执两用中"，在两个极端之间找到动态统一平衡的契机，具体分析，灵活处理，辩证综合。

总而言之，孔子的中庸之道是反对过头和不及，但不是"和稀泥"，不等于不讲原则的折中主义。孔子之后，他的孙子子思继承了中庸之道的精华并集其大成，写了《中庸》，后来成为四书之一。

三、子思与《中庸》

我们先讲子思其人，再讲《中庸》其书。

（一）子思其人

子思，姓孔名伋，孔子嫡孙，战国初年人，生卒年不详，一说生于周敬王三十七年（前483），卒于威烈王二十四年（前402），相传他受业于曾子。

《史记·孔子世家》曰："子思作《中庸》。"《汉书·艺文志》著录"《子思》二十三篇"。班固注："名伋，孔子孙，为鲁缪公师。"缪即穆。

《至圣先贤半身像册·子思》

东汉郑玄肯定《中庸》为子思所作。南朝梁国沈约指出，《小戴礼记》中的"《中庸》《表记》《坊记》《缁衣》，皆取《子思子》"。张岱年先生晚年认为：《中庸》大部分是子思所著，个别章节是后人附益的；《中庸》"诚"的思想应先于孟子。

1993年10月湖北荆门郭店一号楚墓出土的竹简中有《鲁穆公问子思》《五行》《缁衣》等篇。以上诸篇是与子思子有密切关系的资料。据《鲁穆公问子思》载，穆公问子思："何如而可谓忠臣？"子思曰："恒称其君之恶者，可谓忠臣矣。"由此可见子思刚直不阿的人格！而这样一些品德、言行，我们又不难从孟子身上见到。孟子从学于子思的门人。

（二）《中庸》其书

《中庸》原是《小戴礼记》中的第三十一篇。《史记·孔子世家》称"子思作《中庸》"，今本《中庸》在传衍过程中被后世儒者附益，掺杂了一些当时人的言论（例如"今天下车同轨，书同文，行同伦"，又称泰山为"华岳"等，当是秦汉时人的话），但其中主要思想观点却源于子思。《易传》和《中庸》被认为代表了先秦儒家形上学发展的最后阶段。《中庸》的结构具有系统性和整体性，其论证的精密性超过了它以前和同期的儒家文献；在儒家古典文献中，它或许是哲理性最强的。

从汉代至南朝，不断有人研究《中庸》。唐代李翱以后至北宋，诸位大家都重视《中庸》。唐代，韩愈、李翱阐发道统，将思孟学派置于尧舜以来儒学道统传人的位置。"韩愈找到了《大学》，李翱找到了《中庸》。李翱对于韩愈所制造的'道统'也做了一些补充。他认为孔子有'尽性命之道'的'道'。孔子

的孙子子思，得了这个'道'，作《中庸》传给孟子。"（冯友兰《中国哲学史新编》）

至北宋，易、庸之学得到前所未有的重视。张载、二程等大儒都极重视《中庸》，对其义理的阐发和地位的提升可谓不遗余力。二程推尊《中庸》，认为是"孔门传授心法"，朱子亦大力表彰，作《中庸章句》，使之成为四书之一。朱子在其后半生中用了大量心血撰写和反复修改四书的注释，他把四书置于六经之上，而把《中庸》看作思想基础。此后，元仁宗钦定朱子的《四书章句集注》为科举考试的主要内容，从此风行天下，影响到了整个东亚。

《中庸》只有三千五百余字。程颐认为："其书始言一理，中散为万事，末复为一理……其味无穷，皆实学也。善读者玩索有得焉，则终身用之，有不能尽者矣。"朱子将其分为三十三章，大体上可分为三部分。第一部分是第一至十一章，其中第一"天命之谓性"章是全书总纲，子思述所传孔子之意而立言，以下十章是子思引孔子的话来印证总纲。第二部分是第十二"君子之道费而隐"章至第二十章，其中第十二章是子思的话，阐发"道不可离"，以下八章又是引孔子的话加以发

明。第三部分是第二十一章至末尾。其中第二十一"自诚明，谓之性"章，是子思承第二十章孔子讲的天道、人道之意而立说，以下十二章乃作者反复推论天道、人道的思想。

四、《中庸》要义

我们通过细读原文来把握《中庸》的要义。古书要诵读，不能只是看。读书出声，抑扬顿挫，朗朗上口，读出其韵味与真意。读书百遍，其义自见。

（一）性、道、教与致中和

《中庸》开宗明义指出：

天命之谓性，率性之谓道，修道之谓教。（第一章）

这是全书的纲，讲的是性、道、教的关系。意思是说，上天所赋予人的叫作"本性"，循着本性而行即是"正道"，使人能依其本性而行，让一切事合于正道，便叫作"教化"。

　　"天命"的观念是原始宗教承传下来的，周文化把宗教和政治糅合在一起，以周天子作为至上的天帝与虔诚的万民之间的中介。孔子继承了三代以来传统的天命观念。虽然孔子说他自己"述而不作，信而好古"，但"述"实际上也是思想家表达自己思想的一种方式，孔子"编"或者"述"的标准是与他对夏、商、周以来的历史、文化传统的反思分不开的。圣人本诸天地制礼作乐、神道设教是三代以来的传统。孔子的贡献是使礼内化，或者说为礼寻得内在的根基。他的反思集中体现在"仁"的思想上，他将礼内化、为礼寻得了内在的根基——仁。但是从《论语》来看，孔子的确很少谈论性与天道。

　　子贡说："夫子之文章，可得而闻也；夫子之言性与天道，不可得而闻也。"（《论语·公冶长》）朱子的解释是："文章，德之见乎外者，威仪文辞皆是也。性者，人之所受天之理；天道者，天理自然之本体，其实一理也。言夫子之文章，日见乎外，固学者所共闻；至于性与天道，则夫子罕言之，而学者有不得闻者。盖孔门教不躐等，子贡至是始得闻之，而叹其美也。"（《四书章句集注》）子贡的问题是学问上的大问题，因为"性与天道"不易为一般人所领悟，所以朱子解释"不可得而闻"其实是子贡对孔子的赞叹。孔子开启了下学上达之路，在努力践仁的过程中实现天与人互相感通。子贡所提出的问题由子思继续加以阐述，这是很自然的，也是合乎逻辑的。《中庸》就是直接承接这个问题而来的。

《中庸》第十六章引入"诚"的概念，起初诚是一德目，与信互训。《中庸》所讲的"诚"是忠信的进一步发展，这种发展是在人的不断修为过程中体证并建立起来的，其根据实在于人自身。至《中庸》提出"诚者，天之道也。诚之者，人之道也"（第二十章）、"与天地参"（第二十二章）、"诚者物之终始，不诚无物"（第二十五章）等观点，用诚的观点来融合天、人、物、我，这样就将先秦儒家天道性命的论说向前推进了一大步。

"天命之谓性"的"性"就是人性，《中庸》讲它是天所赋予的。有时候人性被遮蔽了，我们反而不知道人的最根本的特性、人的内在本质是什么了。为了弄清这个问题，我们可简要梳理一下儒家，特别是孔子阐发，经过子思，传到孟子的人性论。

过去有一首《诗经·大雅·烝民》，孟子记载说，孔子称赞这首诗是"知'道'之诗"。"天生烝民，有物有则。民之秉彝，好是懿德。"这首诗懂得人性美德，是一首好诗。是什么意思呢？天生养了我们小民，每一物、每一事都有它内在的法则。那么作为人的法则是什么呢？那就是趋向美好的道德。

《中庸》首句"天命之谓性"，即是说天赋予人的是善良的德性。这为孟子的心性学奠定了基础。孟子接着孔子的"仁"和《中庸》的"诚"直接表达了人的道德意识（道德自觉），进而把这种道德意识说成人的道德心，分四个方面去理解："恻隐之心，仁之端也；羞恶之心，义之端也；辞让之心，礼之端也；是非之心，智之端也。人之有是四端也，犹其有四体也。"（《孟子·公孙丑上》）。即是说人的道德性根源于天命之性，而天命之性亦需要从道德性来了解、印证和贞定。孟子的"尽心、知性、知天"是对《中庸》中"诚"的进一步内在化。

孟子学被称为"三辨之学"，人禽之辨是其一，意思是说：人与禽兽的差别是什么呢？孟子说："人之所以异于禽兽者几希，庶民去之，君子存之。"（《孟子·离娄下》）君子之所以为君子，保留的是什么呢？保留的恰好就是人之所以为人之道。人和禽兽的差别，其实就这么一点点。一般人去掉了这个差别，君子保留了这个差别。儒家，孔子、孟子，特别是孟子发明性善论，发挥了《诗经·大雅·烝民》的内涵，主张作为人的本质、特性的东西是善良的、是道德的。

有人会问，那些不善的呢？现实社会中很多人的不善，为非作歹，怎么解释呢？《中庸》是从人的禀赋上，从人的本性上作的一个规定。至于事实经验上的人怎么样，并不能驳倒人在本质上应当如何。人在本性上是善的，但人在社会生活中可能泯灭了本性良心，变得不善，甚至为恶。恰恰是面对人的一些丑恶现象，面对杀人盈城、盈野的这些事实，孟子才着力启发人的内在美德，良知良能，特别提扬善性，把它作为人性中最美好的东西扩充开来。把人性中最美好的东西扩充、发展出来，这叫作"天命之谓性"。天所赋予我们人的本性是善良的，我们要把它开发出来。万物以天道为基础，人也是以天道为自己的本性的。

"率性之谓道"，"率"是循的意思，率性是循其性，而不是任性。一切人物都是自然地循当行之法则而活动，循其性而行，便是道。一切物的存在与活动，都是道的显现。如就人来说，人循天命之性而行，所表现出来的便是道。如面对父母，便表现孝。

人因为气质的障蔽，不能循道而行，所以须要先明道，才能行道，而使人能明道的，便是教化的作用，这是"修道之谓教"。一般人要通过修道明善的工夫，才能使本有之性显现出来。我们修养、学习人道就是受教育。古代的教育主要是人文的教育，就是要使大家知道这样一个人道。我们怎样明道、怎样知道呢，需要接受教育。通过教化的作用，一般人才能使本有的善性发挥、实现出来。

所以朱子一方面解释说："命，犹令也。性，即理也。天以阴阳五行化生万物，气以成形，而理亦赋焉，犹命令也。于是人物之生，因各得其所赋之理，以为健顺五常之德，所谓性也。率，循也。道，犹路也。人物各循其性之自然，则其日用事物之间，莫不各有当行之路，是则所谓道也。"（《四书章句集注》）

另外一方面，朱子又强调"性道虽同，而气禀或异，故不能无过不及之差"。圣人之所以为圣人，就因为圣人体知到"人物之所当行者"，常人日用而不知，故圣人施教而"品节之，以为法于天下"。

"性"由天所命，如果我们不为一己之私欲所蒙蔽，也不带先入为主的成见，那么由此"性"，我们就能够做到"中"，也即"性"由"中"所呈现。这样人才能真正彰显出创造的无限可能性，人的视野才会更开阔而不偏执于一隅。由于"中"包含着无限的可能性，那么我们自性而发（"率性"）就不仅能与人和谐相处，而且能合理地利用外物，而不是任意地宰制。

当然朱子把"教"仅仅解释为"若礼、乐、刑、政之属是也"，这样就把"教"的范围，毋宁说也是知识的领域划定得过于偏狭了。"盖人之所以为人，道之所以为道，圣人之所以为教，原其所自，无一不本于天而备于我。"天人合一境界的获得不是"直行速获而得永终"的，是"不可须臾离"之道，所以人要恐惧戒慎（"慎独"），做存养的工夫。

《中庸》的"教"即是成德的工夫，用现在的话来说，它是一种广义的"教育"。而且，这种教育是一种"自我教育"。孔子说："为仁由己。"（《论语·颜渊》）又说："我欲仁，斯仁至矣。"（《论语·述而》）。仁德内在于每一个人的生命，所以仁的自觉是非常现成的，当下即是。仁德的实现只能通过自身的努力，不能依靠外在的力量。与基督教不同，儒家并未将道德的基础放在外在超越的存在上，而是立足于人的内在心性。由此内在心性，人自觉为一道德主体。儒家认为德性是内在的，因此人格境界的提升，从根本上说只能通过躬身践履，不能依靠外在的力量。"君子求诸己""为仁由己""我欲仁，斯仁至矣""人能弘道，非道弘人"云云，都是说成德最终只能靠自己去实现。《中庸》说"天命之谓性"，当然也是对人安身立命的内在价值的肯定。

"教化"的目的是要达到"中和"的境界。《中庸》是以情感的抒发来讲这个问题。每一个人都有喜、怒、哀、乐、爱、恶、欲七情。七情是自然情感，此外人还有道德情感，有恻隐之心。恻隐是同情、怜悯之心，是人最宝贵的东西。还有羞恶之心，也是人最宝贵的东西，懂得羞耻，好善恶恶。

《中庸》说：

喜怒哀乐之未发，谓之中；发而皆中节，谓之和。中也者，天下之大本也；和也者，天下之达道也。致中和，天地位焉，万物育焉。（第一章）

就是讲，喜怒哀乐这些感情没有抒发的时候，属于平静的状况，叫作中。抒发出来了，符合我们当时所处的一定时空条件下的伦理、社会规范的要求，"发而皆中节"，这叫作和。"中节"的"中"音"众"，符合的意思，"节"即法度。

"中也者，天下之大本也；和也者，天下之达道也。""中"是道之体，是性之德；"和"是道之用，是情之德。前面说了，情感未发之前，心寂然不动，没有过与不及的弊病，这种状态叫作"中"。如果情感的抒发合于中道，恰到好处，没有偏颇，自然而然，这就叫作"和"。"中"是天下事物的大本，"和"则是天下可以通行的，叫作"达道"。如果君子省察工夫达到尽善尽美的"中和"的境界，那么，天地将安于其所，运行不息，万物各遂其性，生生不已。上文提到北京城的中轴线，基于其间核心位置的故宫有三大殿，太和殿、中和殿和保和殿。"中和"就来自《中庸》，所追求的是中正平和的境界。

（二）"诚"与"明"

关于天与人、天道与人道的关系，《中庸》是以"诚"为枢纽来讨论的。"诚"是《中庸》的最高范畴。前面我们讲到，孔子对夏、商、周以来的历史、文化传统作了反思，在此基础上提出"仁"作为衡量人的内在原则。《中庸》的"诚"作为"仁"的转换与深化，仁智对显，摄知归仁，真善一体，将超越界和存有界、本体与工夫贯通起来。在《中庸》看来，对于"天道"，作为道德主体的人不再是消极地敬畏"天"，而是在人的不断修为中契合天道。这与将天命、天道的观念同具有主体意义的"诚"的观念同一化是同一个过程的两个方面。

"诚"的本意是真实无妄，这是上天的本然的属性，是天之所以为天的根本道理。《中庸》讲：

诚者，天之道也；诚之者，人之道也。诚者不勉而中，不思而得，从容中道，圣人也。诚之者，择善而固执之者也。（第二十章）

天道公而无私，所以是诚。"诚之者"，是使之诚的意思。圣人

不待思勉而自然地合于中道，是从天性来的。普通人则有气质
上的蔽障，不能直接顺遂地尽天命之性，所以要通过后天修养
的工夫，使本具的善性呈现出来。这是经由求诚而最后达到诚
的境界的过程。

《中庸》说：

自诚明，谓之性；自明诚，谓之教。诚则明矣，明则诚
矣。唯天下至诚，为能尽其性；能尽其性，则能尽人之性；能
尽人之性，则能尽物之性；能尽物之性，则可以赞天地之化育；
可以赞天地之化育，则可以与天地参矣。（第二十一、二十二章）

钱穆、唐君毅等先生于 1949 年在香港创办的新亚书院，即以
"诚明"二字作为校训。钱先生解释说：诚是德性行为方面的，
明是知识了解方面的。诚是一项实事，一项真理；明是一番知
识，一番了解。二者结合即"为学"与"做人"同属一事的精
神。（《新亚校训诚明二字释义》）在《新亚学规》中，钱先生又
说，每一个理想的人物，其自身即代表一门完整的学问。每一
门理想的学问，其内容即形成一理想的人格。一个活的完整的

人，应该具有多方面的知识，但多方面的知识，不能成为一个活的完整的人。你须在寻求知识中来完成你自己的人格，你莫忘失了自己的人格来专为知识而求知识。

以上《中庸》这段话的意思即是说：由至诚而后明善，是圣人的自然天性；而贤人则通过学习、修养的工夫，由明德而后至诚。由诚而明，由明而诚，目的是一样的，可以互补。天下至诚的圣人，能够极尽天赋的本性，于是能够兴养立教，尊重他人，极尽众人的本性，进而尊重他物，极尽万物的本性，使万物各安其位，各遂其性。既如此，就可以赞助天地生养万物。这使得人可以与天地鼎足而三了。人的地位由此彰显。这也是《中庸》首章"致中和，天地位焉，万物育焉"的意思。人体现了天道，即在道德实践中，见到天道性体的真实具体的意义。从上我们也不难看出《中庸》的天人合德的思想：天赋予人以善良本性，即天下贯而为人之性；人通过修养的工夫，可以上达天德之境界。由天而人，由人而天。

按朱子的说法，"人之性无不同"，但是"气则有异""惟圣人能举其性之全体而尽之"。作为人性最本真体现的圣人最能彰显天道，所谓"自诚明"。圣人之道就集中体现在人性的共同性上，"圣人之德，浑然天理，真实无妄，不待思勉而从容中道，则亦天之道也"（《四书章句集注》）。实际上，只有传说中的圣王才能做到这一点。所以我们在《中庸》里看到了很多这种感叹，子曰："中庸其至矣乎！民鲜能久矣。"（第三章）子曰："道之不行也，我知之矣，知者过之，愚者不及也；道之不明也，我知之矣，贤者过之，不肖者不及也。人莫不饮食也，鲜能知味也。"（第四章）子曰："道其不行矣夫。"（第五章）

我们每个人都注定生活在特定的时空中，人是有限的。这在《中庸》称为"其次致曲"（第二十三章），虽然"曲"是有限的，不是全体，只是一隅，但人如果凡事都一一推致于极，也能贯通全体。作为有限的人只能"自明诚"。如果说"诚则明"指涉的是"本体"的话，那么"明则诚"则指涉的是工夫（杜维明《论儒学的宗教性：对〈中庸〉的现代诠释》）。朱子从"性""才"的角度解释求"诚"之路时说"均善而无恶者，性也，人所同也；昏明强弱之禀不齐者，才也，人所异也。诚之者所以反其同而变其异也。夫以不美之质，求变而美，非百倍其功，不足以致之"（《四书章句集注》）。对于有限的人来说，求"诚"的道路绝不是平坦的；求"诚"的工夫是艰难的，需要坚持不懈的努力，更需要全身心的投入。求诚的工夫，具体地说便是："博学之，审问之，慎思之，明辨之，笃行之。"（第二十章）这是五种方法。广博地学习，详细地求教，谨慎地思考，缜密地辨析，切实地践行，这"五之"里面就包含有科学精神。《中庸》还强调"人一能之己百之，人十能之己千之"的学习精神。

西方基督教将人的有限性解释为人的原罪，但是在《中庸》看来，正是这种有限性为我们提供了自我超越所必要的物质条件，而且我们的精神性就嵌陷在我们的物质性之中。《中庸》说："其次致曲，曲能有诚，诚则形，形则著，著则明，明则动，动则变，变则化。"（第二十三章）"曲"是指细微的偏于一方面的事情。致，是用心去追求，一点也不放松。致曲是人修为的工夫，凡事推致，便能有成。这样，我们面对的便是一个真实的、有无限可能的世界。因此，达到诚的过程本身可以被设想成一种重构世界的道路，"唯天下至诚为能化"（第二十三章），一切都在于人的创造。"诚之者，未能真实无妄，而欲其真实无妄之谓，人事之当然也。"（《四书章句集注》）人性其实就是天地的自我彰显和自我表达；人和天不是断裂的，而是连续的；不是对立的，而是合一的。

天的无限价值，即具备于自己的"性"之中，而成为自己生命的根源，所以生命之自身，在生命活动所关涉的现世，即可以实现人生崇高的价值；这便可以启发人们对其现实生活的责任感，鼓励并保证其在现实生活中的各种向上努力的意义。但是，这并不是说教育就是多余的，《中庸》首章就说"修道之谓教"，只不过这种教育首要关注的是彰显我们本性中所固有的道德品质。从天命之性的角度来讲，我们有明的能力；从由明而诚的角度来讲，我们需要修为的工夫。二者"及其成功一也"（第二十章）。"自诚明，谓之性；自明诚，谓之教。"（第二十一章）自诚而明，即"天命之谓性，率性之谓道"（第一章）；自明而诚，即"修道之谓教"（第一章）。

如果我们将人的有限性视为当然，那么，人们一方面会在社会生活中"麻木不仁"，另外一方面会站在狭隘科学主义的立场上，对象化地宰制自然，有可能造成严重的生态危机。只是人们意识到，他们不仅被束缚在大地上，而且也和天连为一体。在"天命之谓性"这一观念之下，人的精神，才能在现实中生稳根，而不会成为向上飘浮，或向下沉沦的"无常"之

物。（徐复观《中国人性论史·先秦篇》）

无论是道家的自然，还是儒家的天道，都要和自然科学所讲的自然区分开来。自然科学的自然是人用理性等一套规范去人为规范后的自然。在《中庸》，"天命之谓性"的"天"是具有神性意义的天和义理之天，并不是指外在于人的自在之物，其认识论意味是十分淡薄的。作为道德主体的人是永远不可能像全盘掌握自然科学知识那样认识天道的，天道永远是玄妙深奥不可测的，人类应该对天道永远保持敬畏的态度。

如果有人认为天道可以像自然科学知识那样被他全盘掌握，就无不会为自己的世俗行为披上"替天行道"的外衣，并放弃在他所敬重的"天道"面前保持的谦卑，这会成为专制主义的根源。借牟先生的话来说，"诚"（当然也包括"仁""良知"等）是内容真理，而非外延真理，它代表的是中国哲学中德性之知的传统，不能将它与闻见之知混为一谈。所以《中庸》里面引了孔子很多意味深长的话："中庸其至矣乎！民鲜能久矣。"（第三章）"道之不行也，我知之矣。"（第四章）"道其不行矣夫。"（第五章）也提出君子要"戒慎乎其所不睹，恐惧乎其所不闻"，要"慎其独也"（第一章）。

朱子在《中庸章句序》引《尚书》"人心惟危，道心惟微，惟精惟一，允执厥中"，并解释：人心和道心，交杂在人们心中，但又不知道怎么处理才好，那么就会导致危险愈加危险，暗微更加暗微，而天理之公，终于不能战胜人欲之私了。但恶并不在于感性动机（私欲）本身，而在于摆不正感性动机和理性的道德动机（道心）的位置关系，也就是不去使感性动机为道德动机服务，而是反过来使道德动机成为感性动机的借口或工具。

具体到人的德行，《中庸》提出"五达道"与"三达德"。书中指出：

> 故君子不可以不修身；思修身，不可以不事亲；思事亲，不可以不知人；思知人，不可以不知天。（第二十章）

这是说，治国，君子不可不讲修身；想修身，不可不侍奉双亲；要侍奉双亲，不可不懂尊贤爱人；要懂尊贤爱人，不可不懂天理。《中庸》托孔子之言，指出五伦为五达道，即人人共由之路、普遍之道；智慧、仁爱、勇敢为三达德，即实践五条大路的三种方法。

> 天下之达道五，所以行之者三。曰：君臣也，父子也，夫
> 妇也，昆弟也，朋友之交也，五者天下之达道也。知（智）、
> 仁、勇三者，天下之达德也，所以行之者一也。（第二十章）

通过五伦关系的实践过程来修身，也即是通过日常生活来修养
自己。

君臣关系现在没有了，但仍有上下级关系，仍需要工作伦
理。我们现在可以理解为：通过家庭与工作伦理，在处理好亲
情、友情、同事、上下级关系中，走正路，不偏颇，这是修养
的过程。"所以行之者一"的"一"是指"诚"，即落在诚实、
至诚上。在这一修身过程中，培养君子的三大美德：智、仁、
勇。孔子说："仁者不忧，智者不惑，勇者不惧。"（《论语·子
罕》）《中庸》又引用孔子的话说："好学近乎知（智），力行近乎
仁，知耻近乎勇。知斯三者，则知所以修身；知所以修身，则
知所以治人；知所以治人，则知所以治天下国家矣。"（第二十
章）喜好学习，接近智德；力行实践，接近仁德；懂得羞耻，

接近勇德。这里指的是大智、大仁、大勇。智不是耍小聪明，仁不是小恩小惠，勇不是鲁夫莽汉。根本上要修身，此是内圣，治国平天下是外王事功。这与《大学》的主张是一致的，由内圣贯穿到外王。为政者懂得修养自己，才懂得治国平天下。日本的本田公司就以"智、仁、勇"作为公司的精神、理念。

（三）成己与成物

作为"仁"的转换与深化，《中庸》又以"诚"将仁、智概念统合起来，进而贯通天、人、物、我。人不仅要尽性（尽己之性）、尽人之性（推己及人），还要尽物之性。《中庸》曰：

诚者自成也，而道自道也。诚者物之终始，不诚无物。是故君子诚之为贵。诚者非自成己而已也，所以成物也。成己，仁也；成物，知（智）也。性之德也，合外内之道也，故时措之宜也。（第二十五章）

朱子解释说："诚虽所以成己，然既有以自成，则自然及物，而道亦行于彼矣。仁者体之存，知者用之发。"（《四书章句集注》）又说："诚虽所以成己，然在我真实无伪，自能及物。自

成己言之，尽己而无一毫之私伪，故曰仁；自成物言之，因物成就而各得其当，故曰知。"(《朱子语类》)

《中庸》这段话的意思是：诚是自己所以能实现、完成、成就，而道是人所当自行之路。诚是使物成其始终的生生之道，没有诚也就没有万物了。所以君子把诚当作最宝贵的东西。诚一旦在自己心中呈现，就会要求成就自己以外的一切人、一切物。当人的本性呈现，即仁心呈现时，就从形躯、利欲、计较中超脱出来，要求向外通，推己及物，成就他人他物。仁与智，是人性本有的，扩充出来，成己成物，即是兼物我、合外内。人之本性圆满实现，无所不通，举措无有不宜。

在儒家看来，宇宙与我本是息息相关的整体，要实现理想的人格就不仅要成就自己，更要成就万物，所以儒家的最高境界就是"一天人，合内外"。上文提到，孔子的贡献在于为礼寻得内在的根基——"仁"。孔子以"仁者"为最高境界。此时仁的意义最广大，智当然亦藏于仁之中，一切德亦藏于其中。"一天人，合内外"，实际就表现为对万物的责任感，而要随物施教。

　　这种意思，在《论语》中的表述是："樊迟问仁。子曰："爱人。"问知。子曰："知人。""（《论语·颜渊》）这是从人与人的关系立论的。"知及之，仁不能守之，虽得之，必失之"（《论语·卫灵公》）、"知者不惑，仁者不忧"（《论语·子罕》），知也要以仁为据，对作为随物施教手段的"知"的追求，同样应该是被包括在求仁之内的。从仁德出发而知物，必定包含着爱物，即对万物的同情与尊重。"仁者安仁，智者利仁"（《论语·里仁》）、"仁者乐山，智者乐水；智者动，仁者静；知者乐，仁者寿"（《论语·雍也》）等。这便是仁智对显，而以仁为主。孔孟的智，绝对不是理智活动的智，而是生命的通体透明。"仁且智"是说生命既能表现仁，又能里外明澈，毫无幽暗。仁的主要表现是爱（仁者爱人），但当然不是所谓"溺爱"。溺爱是不明之爱，即是无智之爱。无智的爱当然不够理想，说明生命仍藏有隐微曲折，这就使得本有的仁心不能通达、展开。

　　《中庸》以"成己"为仁，以"成物"为知，这一说法是对孔子仁知学说的进一步发展。《中庸》将这种学说扩充到人与物的关系，以实现人与万物的统一和谐为宗旨。"成己"以仁，"仁者人也"（第二十章）；"成物"以知，"知天地之化育"（第三十二章），"聪明睿智，足以有临"（第三十一章），不仅要知人，而且要知天、知物。需要指出的是，这里的"知"既不是我们现在一般所说的"知识"，也不应被限制、退缩在道德的范围内。我们现在一般所说的"知识"，是关于事实的知识，是实然的知识，这在儒家传统中称为闻见之知。儒家的传统并不排斥闻见之知，不过是将其放到良知之下来看待的，良知与闻见是本与末、体与用的关系。二者的关系，后来王阳明称为"良知包闻见"。这一点，是我们在读四书的时候要注意的。

诚虽然靠自己完成，"自成"与"自道"是就完成自己的人格而说的，这是解决人与物的关系的前提，也是实现人与万物和谐统一的前提。但不仅仅是"成己"，"成己"是为了"成物"，"成己"才能"成物"，人的主体性作用在这里表现得十分清楚。需要指出的是，这里所谓的"主体"是指道德主体，而非政治主体、认知主体，当然它是二者的根源。中国的儒释道三教都重主体性，但儒家将主体性加以特殊的规定。它着眼于人的内在道德性，以仁代表真实的生命，代表真正的主体，

因此强调的是人的道德主体性。（牟宗三《中国哲学的特质》）

道德是真正显示人之自作主宰的行为，而非听任他律的制约或他力的驱使，善恶的标准、实践的根据均源自人的道德主体。但这种"主体性"并不意味着个人中心主义或人类中心主义，而是与超越的天道相贯通的。与现代西方以启蒙运动为代表的凡俗的人文主义不同，儒家传统是一种精神性的人文主义，它强调身心的融洽整合、个人和社会的健康互动、人类与自然的持久性和谐、人心和天道的相辅相成。（杜维明《全球性存在危机与儒家的仁、义、礼、智、信价值——在贵州大学中国文化书院的演讲》）一个真正的"人"，应当是自我人格完善、与社会他人和谐、与天地万物为一体的。孔子将对超越之天的敬畏与主体内在的道德律令结合起来，这正是"天人性命相贯通"的内在超越义。

"成物"必须有待于"知"，但这是以"成物"为宗旨的德性主体，而非以宰制万物为宗旨的知性主体所能完成的。在人与物的关系中，物是靠人的诚性得以存在和发展的，不以诚待物，物便不成其为物。"君子诚之为贵"，成物本来是天的职责，人也可以成物，是即人而天。这也就是"合外内之道"，所以"时措之宜"。明白合内外的道理，随时应物无有不宜的。宋儒张载继承和发展了《中庸》"成己""成物"的思想，提出了"民吾同胞，物吾与也"（《西铭》）的思想，这是儒家理想更为完整的表达。程颢则提出"仁者，浑然与物同体""仁者，以天地万物为一体，莫非己也"。

（四）"尊德性而道问学"

《中庸》提出了"尊德性"与"道问学"的统一、平凡与伟大的统一："尊德性而道问学，致广大而尽精微，极高明而道中庸，温故而知新，敦厚以崇礼。"（第二十七章）既保护、珍视、养育、扩充固有的善性仁德，又重视后天的学习、修养；既有远大的目标，又脚踏实地，不脱离凡俗的生活世界，在平凡的日常生活中，在尽伦尽职的过程中追求真善美的合一之境，实现崇高。

我们先讲"尊德性"与"道问学"。前者意为尊重先天的德性，后者是说依靠后天的所学。按朱子的解释："尊德性，所以存心而极乎道体之大也。道问学，所以致知而尽乎道体之细也。"（《四书章句集注》）二者皆为修身之道，但朱子偏重道问学，象山偏重尊德性。"尊德性"还是"道问学"，是朱陆之辩的重要议题之一。阳明继承象山的论学旨趣，其弟子曾就此一问题向他请教，他作了如下回答：

> "道问学"即所以"尊德性"也。晦翁言："子静以尊德性诲人，某教人岂不是道问学处多了些子？"是分尊德性、道问学作两件。且如今讲习讨论，下许多工夫，无非只是存此心，不失其德性而已。岂有尊德性只空空去尊，更不去问学？问学只是空空去问学，更与德性无关涉？如此，则不知今之所以讲习讨论者，更学何事？（《传习录》）

阳明批评朱子将二者分开，主张"道问学"即"尊德性"，将二者视为一体。道问学的目的无非是存养此心，保持心之本原，使其不失德性。哪有尊德性只是空洞地去尊，便不去问学；问学只是空洞地去问学，而与德性无关的。但"尊德性"若流于形式，空谈道德，则无益于问学。同样，"道问学"若限于字句，不体之于心，则无益于德性。

阳明反对滞于闻见，落入枝叶之学，而以致良知为治学之根本，称其为"圣人教学第一义"。关于良知与闻见的关系，阳明有如下精辟的论述：

> 良知不由见闻而有，而见闻莫非良知之用，故良知不滞于见闻，而亦不离于见闻。孔子云："吾有知乎哉？无知也。"良知之外，别无知矣。故"致良知"是学问大头脑，是圣人教人第一义。今云专求之见闻之末，则是失却头脑，而已落在第二义矣。近时同志中盖已莫不知有"致良知"之说，然其功夫尚多鹘突者，正是欠此一问。大抵学问功夫只要主意头脑是当，若主意头脑专以"致良知"为事，则凡多闻多见，莫非"致良知"之功。盖日用之间，见闻酬酢，虽千头万绪，莫非良知之发用流行，除却见闻酬酢，亦无良知可致矣。故只是一事。若曰致其良知而求之见闻，则语意之间未免为二。此与专求之见闻之末者虽稍不同，其为未得精一之旨，则一而已。"多闻，择其善者而从之，多见而识之"，既云择，又云识，其良知亦未尝不行于其间；但其用意乃专在多闻多见上去择识，则已失却头脑矣。（《传习录》）

尽管阳明仍偏在致良知一边，但上面的论述隐然已点出良知与闻见的辩证关系。在他看来，良知并不由见闻而产生，而见闻都是良知的作用。所以，良知不即于见闻而又不离于见闻。可良知之外，没有别的知。所以，致良知是为学的要旨，是圣人教学生的第一要义。只在见闻的细枝末节上寻求，那就失去了学问的主宰，已落入第二义。学问功夫的关键在于抓住根本，若将致良知视为根本，多闻多见无不为致良知的工夫。日用之间，见闻应酬，虽千头万绪，但无不是良知的发用与流行。除却见闻应酬，有何良知可致？所以说良知与见闻实为一体。分说良知、见闻，则截为两片。这虽然与囿于闻见之人相异，但对精一之旨的不解则同。闻见即为良知之发用，但若限于闻见，就失去了为学的本旨。

阳明曾应弟子黄勉之邀，为其书斋"自得斋"写了一篇《自得斋说》。他写道：

夫率性之谓道，道，吾性也；性，吾生也。而何事于外求？世之学者，业辞章，习训诂，工技艺，探赜而索隐，弊精极力，勤苦终身，非无所谓深造之者。然亦辞章而已耳，训诂而已耳，技艺而已耳。非所以深造于道也，则亦外物而已耳，宁有所谓自得逢源者哉！

天道性命相贯通，在天言天道、天理，在人言本性、本心。本心先天地自知其理，因此不可向外驰求。世间的学者却本末倒置，劳苦一生，以追求辞章、训诂、技艺等"外物"为事，求道于本心之外，故不能自得以达其本原。

如前所述，阳明并不反对闻见之知，不过他认为一般所谓的做学问，如训诂、记诵、辞章，它们本身不是目的，它们都指向"成德"，成就道德人格才是目的。这正是"为己之学"的基本要求。向外求知最终都要回到内在本心；体之于心，自然就会不容己而付诸行动。在这个意义上，"道问学"也就是"尊德性"。

阳明以良知是体、闻见为用的体用一源思想，构成了其"尊德性"与"道问学"一体说的基础。后来，牟宗三以"良知坎陷"来贯通德性之知与闻见之知，吸纳现代的民主与科学，明显发端于此。

（五）"极高明而道中庸"

"极高明而道中庸"是说凡俗生活中有高明的境界。冯友兰先生自题堂联："阐旧邦以辅新命，极高明而道中庸。"高明的境界离不开凡俗的生活，需要在凡俗的生活中实现。

对于"诚"，《中庸》除了作"诚者"（天命、天道）与"诚之者"（性、人道）的区别之外，还作了显与微、费与隐的分疏。微、隐是指隐微难见的精微之道，是形而上者；显、费是指无所不在、随处可见的生命流行，是形而下者。但显与微、费与隐不能被打作两橛，由此形成两个对立的世界：前者不是现实世界永远达不到的理念世界或本体界，后者也不是理念世界的"摹本"或"影子"。借用体用范畴来说，《中庸》主张的是"体用如一"，"体用不二"，有其体就有其用。没有两个世界，只有一个整体的世界，这个整体的世界虽然有部分，有各种各样的杂多性，但它统一于"为物不二""生物不测"的"天地之道"，也即"诚"。"夫微之显，诚之不可掩如此夫。"（第十六章）"诚"显现于万物，在万物中发生作用，使天地万物充满生机。

《中庸》引《诗》"鸢飞戾天，鱼跃于渊"（第十二章）来形容自然界的生命流行之无所不在、上下可察。"察"是显著之义，"上下察"是能够看得见的发用流行；但是其中又有微妙难见之处，这就是诚之道。所以，这又是费与隐的关系。

　　君子之道费而隐。夫妇之愚，可以与知焉，及其至也，虽圣人有所不知焉；夫妇之不肖，可以能行焉，及其至也，虽圣人亦有所不能焉。（第十二章）

"费"即杂多，表示多样性；"隐"则是隐藏于多样性中的全体之道。自然界的发育流行，是人人可见可知的；至于其中的"至道"，即便圣人亦有所不知不能。

　　"天道"并不是指外在于人的自在之物，它就体现在日用常行之中。"中、庸只是一事，就那头看是中，就这头看是庸。譬如山与岭，只是一物。"（《朱子语类》）天人是相通不隔的，超越的价值理想追求，可以通过人的不断修为而在充满人间烟火的世俗生活中实现。但是现实的人与理想性、具有无限创造性的天道之间是有张力的。所以这仍需要人身体力行的工夫，也需要内心不断的省察涵养。天行健，宇宙的真谛是生命的能动性；人则应该自强不息。这既是一种体验，人在生命活动中体验到宇宙大化生生不息，人与自然生命相连，人的生命活动与整个宇宙相吻合、相呼应。

　　依《中庸》，人的本性是天赋予的，人之性，亦天之性，但是人并不仅仅是一种被创造物。因此，为了实现人性，人就必须参与宇宙的创造过程。在天道面前，我们不是虚静无为，天道的意义只有在人的行为上才能体现出来。杜维明先生说："尽管天在儒家传统中不是一个人格的上帝或全能的创世主，但是它也并非没有超越的指涉。而且，正是在这个意义上，《中庸》所讲的道德才可以说是具有一种超越的支撑点。这并不意味着道德的这种超越的支撑点是我们的日常经验所绝对无法体验的。"（杜维明《论儒学的宗教性：对〈中庸〉的现代诠释》）照此说来，《中庸》是一种形而上学，它主张人在本性上分享有天的实在性，毋宁说人与天的本质是相同的。

同时，"君子之道，辟如行远必自迩，辟如登高必自卑"（第十五章）。君子修道是由浅入深、由近及远的，就像去远方，一定先从近处启程；譬如登高，一定得从低处起步。我们做的事也还是平常的事，但是我们自觉到我们在世俗世界里所扮演的角色及发挥的作用总具有天道的意义。《中庸》引孔子的话云："道不远人。人之为道而远人，不可以为道。"（第十三章）《中庸》主张普通人类的经验本身就体现着道德的终极依据，或者说是即凡而圣的，即入世间即出世间，即世俗即神圣，也即："不离日用常行内，直到先天未画前。"

中庸之道是平常之理，是天命所当然。"天"与"天道"当然是超越的，但是又流行于世间。超越的"天道""天命"是人永远不可能像全盘掌握自然科学知识那样认识的，"天人合一"只是表明高高在上的天道与人之性是相通不隔的。如果"天道""天"被认为具有神性，那么，人之本性被认为也因此获得神性，应是能够成立的，二者可以浑化为一。

（六）"无声无臭"

《中庸》最后一章首句引《诗》曰"衣锦尚絅"，并解释道：

恶其文之著也。故君子之道，暗然而日章；小人之道，的然而日亡。君子之道，淡而不厌，简而文，温而理，知远之近，知风之自，知微之显，可与入德矣。（第三十三章）

朱子解释道："远之近，见于彼者由于此也。风之自，著乎外者本乎内也。微之显，有诸内者形诸外也。有为己之心，而又知此三者，则知所谨而可入德矣。"（《四书章句集注》）君子只是默默地用功，似乎平淡却又不使人厌倦，似乎简单却又理路分明，似乎温和却又十分严谨。明白"远"之由于"近"，知道教化别人必须从自己做起，知道"精微"之能转为"显著"，就可称得上进入道德的高尚境界了。这正如孟子所说："可欲之谓善，有诸己之谓信。充实之谓美，充实而有光辉之谓大，大而化之之谓圣，圣而不可知之之谓神。"（《孟子·尽心下》）故《中庸》又说："君子之所不可及者，其唯人之所不见乎。"（第三十三章）。君子的修身慎独功夫别人赶不上的地方，就在于他能小心谨慎，在别人看不到的地方用功，这正是孔子所讲"为己之学"的真意。

君子做到了这些，就可以"不动而敬，不言而信""不赏而民劝，不怒而民威于铁钺""笃恭而天下平"，所以孔子说："声色之于以化民，末也。"（第三十三章）和风细雨，沁人心脾而入人肺腑，使人在潜移默化中受到感化，如杜工部诗云"好雨知时节，当春乃发生。随风潜入夜，润物细无声"。但此境界亦非"至矣"，《诗经·大雅·烝民》说："德輶如毛。"但是，既然德还可以称为毛，说明还是有行迹可以比拟的。所以还是不如《诗经·大雅·文王》所说的"上天

（南宋）马麟绘《芳春雨霁图》

之载，无声无臭"。上天的行事是没有声音和气味的，这才可称为"至矣"。

老子说"圣人处无为之事，行不言之教"，庄子说"天地有大美而不言"，李公晦曾问朱子："'无声无臭'，与老子所谓'玄之又玄'，庄子所谓'冥冥默默'之意如何分别？"朱子回答说："自'不显维德'引至这上，岂特老庄说得恁地？佛家也说得相似，只是他个虚大。"（《朱子语类》）针对"不显惟德！百辟其刑之"，朱子解释说："不显，……此借引以为幽深玄远之意。承上文言天子有不显之德，而诸侯法之，则

清人绘《静观万物册》局部

其德愈深而效愈远矣。"(《四书章句集注》)圣人以德化民，无声无臭。

儒家重生、重变易、重创造，在孔子那里已然。孔子说："天何言哉？四时行焉，百物生焉，天何言哉？"(《论语·阳货》)又据《论语》，子在川上曰："逝者如斯夫，不舍昼夜。"(《论语·子罕》)在"四时行""百物生"的背后有一种深邃的创造性力量，永远默默起着推动变化的作用。朱子在解释"致中和，天地位焉，万物育焉"时说："盖天地万物本吾一体，吾之心正，则天地之心亦正矣，吾之气顺，则天地之气亦顺矣。故其效验至于如此。"(《四书章句集注》)物的性、人的性由天所命，均来自一源。客观地讲是"维天之命，于穆不已"，即"天命不已"；主观地讲是"于乎不显，文王之德之纯"，即"纯亦不已"。实践的工夫就是要恢复创造性，恢复德行的"纯亦不已"。（牟宗三《中国哲学十九讲》）天人合一既是我们行为的出发点，也是人所追求的最终目标，所以我们在《中庸》看到人的"博学""审问""慎思""明辨""笃行"契合天道的艰难历程，也看到了"参赞天地""与天地三"等对人创造性的弘扬。我们可称之为经权互用、渐顿一体。《中庸》又说：

> 唯天下至诚，为能经纶天下之大经，立天下之大本，知天地之化育。夫焉有所倚？（第三十二章）

"至诚"是无所倚的，"至诚"也是不可言说的。"诚"否定了语言对于"道"（天人合一）的陈述的现实性，同时它也敞开了道（天人合一）自身言说的可能性。《中庸》的最后一句是："'上天之载，无声无臭'，至矣。""天何言哉？""维天之命，于穆不已"，只是生生不息大化流行的无言之言。孔子说："天何言哉？四时行焉，百物生焉，天何言哉？"作为创造性本身的"诚"是"道"自身言说自身，无声无臭。"诚"是自由、能动的活动，是一个无限可能的世界，当然也是一个和谐的、无声无臭的世界。这颇有道家"道可道，非常道"的意味。

五、《中庸》的政治思想及其现代意义

（一）为政在人　取人以身

　　哀公问政。子曰："文、武之政，布在方策。其人存，则其政举；其人亡，则其政息。人道敏政，地道敏树。夫政也者，蒲卢也。故为政在人，取人以身，修身以道，修道以仁。仁者人也，亲亲为大。义者宜也，尊贤为大。亲亲之杀，尊贤之等，礼所生也。"（第二十章）

这就是说，周文王与武王推行的政治，都在简牍中记载下来了。良好的政教、政令，全在于有没有得力的施政的人。在现代社会，我们讲"人存政举，人亡政息"不好。今天是法治社会，要讲法律、规范的普遍性，先把规矩定好，不管什么人，按制度办事，才有好的管理。这当然是对的。

　　但与此同时，《中庸》讲"为政在人"，即政教兴废与人有关，政治、管理在于是否得人（贤臣），也很重要。有得力的、全心全意负责的人，某种理念与政治就能推行得好，好像把树

种到适合这种树木生长的土壤中一样。制度是靠人、靠团队来执行并落实的。以相宜的人施政，能见成效，就如同河滩上的蒲苇能快速生长一样。国君要想处理好政务，关键在人才。而选取什么样的人才呢？"取人以身"，取人之道，在于其人修身与否。"身"指已修之身。修身是要走人人都走的大道，修道依据天赋予人的本性仁德。仁就是爱人，博爱众生。其中亲爱自己的父母是仁中的大事，仁是把爱亲之心推广到爱民、爱百姓。义能分别事理，各得其宜，其中尊重贤人，把贤人提拔起来为社会服务是最合宜、正当的事。"亲亲之杀"的"杀"音"晒"，是降等的意思。爱亲有主次、程度之分，尊贤有厚薄、等级之分，这些就是从礼中产生的。官员要修身明礼，成为仁义之人。

（二）德位相称　素位而行

儒家关于德与位的关系，有很多讨论。从源头上讲，"德"与"位"都以"天"为超越的根据。政治上的"位"是"天"为人设置的；内在于人的"德"也是以"天"为价值源头的。但是超越的"天"并不会为某个特定的人而预定"位"，它并不偏爱某个特定的世俗统治者。"天难谌，命靡常"《尚书·咸有一德》），"天命"并不是固定不变的，"天命靡常"（《诗经·大雅·文王》）。"皇天无亲，唯德是辅"（《尚书·蔡仲之命》），"天"对天下人没有亲疏的区别，政治属于公共领域，天只会拣选那些有德者，让他登上政治上的"位"，将政治的权威赋予他。

"德"与"位"相待而成的观念，是儒家解决权原安顿问题的理想方案。《中庸》托孔子之言说："虽有其位，苟无其德，不敢作礼乐焉。虽有其德，苟无其位，亦不敢作礼乐焉。"（第二十八章）"以德配天"的思想，集中体现了儒家对政治正当性的寻求。它强调只有有德者才可承受天命，其登上政治上的"位"才具有正当性；相反，失德就会失去天命，也就会失去统治的正当性，人民有权推翻他，这正是孟子所讲的"革命"之意。显然，顺着儒家的逻辑，只有圣人才达到了"以德配天"的标准，因此他们的统治才具有正当性。

历史与现实中，有德者不一定有其位，有位者也不一定有其德。儒家主张德、位、禄、名、寿、用的相称，这当然是理想。《中庸》又托孔子之言说："故大德必得其位，必得其禄，必得其名，必得其寿。故天之生物，必因其材而笃焉。故栽者培之，倾者覆之。"（第十七章）有大德的人，理论上应当有尊位、厚禄、美名，甚至高寿。上天化育万物，顺其材质而予以厚施，可以栽种的就培植，要倾倒的也只好让它倒下。使人人的德、位、禄、用相匹配，使之各遂其性，各显其能，是儒家治平天下的一条重要原则。"在下位不获乎上，民不可得而治矣。"贤人得不到君上的信任，在下位的人得不到上级的支持，民众就得不到贤人的治理。因此要创造条件举拔德才兼备的人才，并使之制度化。《中庸》又说：

> 君子素其位而行，不愿乎其外。素富贵，行乎富贵；素贫贱，行乎贫贱；素夷狄，行乎夷狄；素患难，行乎患难：君子无入而不自得焉。在上位不陵下，在下位不援上，正己而不求于人，则无怨。上不怨天，下不尤人。故君子居易以俟命，小人行险以侥幸。（第十四章）

"素位"，素指现在，位指所居的地位。"素位而行"是安于现在的官位。君子安于现在所处的职位去做他本分的事，不要有非分之想，不希望做本分以外的事。处在富贵、贫贱、夷狄、患难的地位，就做在这个位置上应当做的事。守道安分，无论顺境逆境，无论在何处，君子都是悠然自得的。君子在上位时不作威作福，欺凌在下位的人，身处下位时也不钻营攀附在上位的人。《中庸》又讲："居上不骄，为下不倍。"（第二十七章）倍即背，"不倍"即不违礼背道。只求端正自己而不乞求于人，心中泰然，自然没有什么怨恨，不怨天尤人。所以君子"居易以俟命"，"易"指平地，"居易"指处于平易而无危险的境地，"俟命"即等待天命的到来。而小人却要冒险，想侥幸得到非分的利益与不应得的好处。可见君子、小人有不同的心态。君子有品德、操守，光风霁月，超然物外。孔子说，射箭好像君子的修道一样，箭没有射中靶心，不怨别人，只会反求诸己，反省自己的步法与手法的功夫不够。这就是君子求诸己而不责乎人。

关于"怨天尤人"，我们想到项羽。在乌江自刎前，项羽曾仰天长叹："此天亡我，非战之罪。"他的失败当然有主客观的多种原因，也有他性格中刚愎自用、优柔寡断的缺点等。关于"素位而行"及居上居下的心态，我们想到"诸葛一生唯谨慎，吕端大事不糊涂"。宋太宗想以吕端为相，人们说吕端糊涂，太宗却认为"端小事糊涂，大事不糊涂"。什么是"小事糊涂"？在不涉及原则、大是大非的问题，只涉及个人利害得失的事情上，不斤斤计较。寇准是老资格，后来吕端位列寇准之上，处处尊重寇准，凡事谦让再三。在小事上糊涂，讲宽容、退让、不争；在刚柔、宽严、进退、得失上保持中道，才能有利于大局，以大胸襟、大气度，成就大事业！

（三）和而不流　去谗远色

孔子回答子路问"强"。孔子说：你所问的是什么强呢？是南方的强？还是北方的强？还是你自己以为的强呢？用宽容柔顺的道理教化人，不报复别人蛮横无理的欺侮，这是南方人的强，君子安于此道。用武器甲胄当卧席，直至战死也毫无惧色，这是北方人的强，强者安于此道。

故君子和而不流，强哉矫！中立而不倚，强哉矫！国有道，不变塞焉，强哉矫！国无道，至死不变，强哉矫！（第十章）

矫，音狡，强貌。君子之强是道义、义理的强；强者之强是血气之强。君子"和而不流"，与人和平相处，但有节操与原则，不曲顺流俗。守住中道而不偏倚，岂不是真正的强吗？

国家政治清明时，不改变贫困时的操守，岂不是真正的强吗？国家政治黑暗的时候，至死不变平生之志，岂不可算是矫强吗？针对一般人"和而无节，则必至于流"，我们强调"和而不流"，不要跟风赶浪，随波逐流。既要善于与各色人等打交道，又要心中有一杆秤，不能上当，抵住诱惑，绝不与丑类同流合污。

《中庸》又讲："君子之道，辟如行远必自迩，辟如登高必自卑。"（第十五章）中庸之道很平实，"造端乎夫妇"（第十二章），从夫妇之道开始。无论是修养还是做事业，我们都必须由浅入深，由近而远，从低到高，从自身与家庭做起，从小事做起，循序渐进，不可操之过急。孔子讲："欲速则不达。"老子讲："千里之行，始于足下。"荀子讲："不积跬步，无以至千里；不积小流，无以成江海。"都是这个道理。

"凡为天下国家有九经"（第二十章），即孔子为哀公讲治理国政的九条大纲：修身，尊贤，亲亲，敬重大臣，体恤群臣，慈爱庶民，招徕百工，怀柔远人，安抚诸侯。其中特别讲"修身则道立，尊贤则不惑"，"齐明盛服，非礼不动，所以修身也；去谗远色，贱货而贵德，所以劝贤也"。能修好己身，

（元）孙君泽绘《高士观眺图》

便能确立大道；能尊重贤人，对事理就不至于疑惑。"齐"通"斋"。这是讲斋戒明洁，整齐衣冠，庄敬自尊，不合礼节的事不妄动，以之来修身。不听巫陷好人的坏话，远离女色，轻贱财货，重视道德，以之来劝勉贤人。对于手中握有权力的人来说，"去谗远色，贱货而贵德"仍然十分重要。《中庸》指出：治国虽有九条大纲，但实行的方法只有一个"诚"字，诚心诚意！有关古训还有："敖（傲）不可长，欲不可从（纵），志不可满，乐不可极。""临财毋苟得，临难毋苟免。"（《礼记·曲礼上》）"儒有不宝金玉，而忠信以为宝；不祈土地，立义以为土地；不祈多积，多文以为富。"（《礼记·儒行》）

六、"中庸"的思维方法论及其当代价值

（一）"和"与"中"

"和"与"中"这两个概念既有联系，也有区别。"和"主要指"和谐"及"多样统一"。孔子讲"和而不同"。"和"不是"同"，也不是"不同"。史墨讲"和实生物，同则不继，以

他平他谓之和"，《中庸》讲"和也者，天下之达道也"。"和"是强调保留差异，容纳相异的人才、意见，保持一种生态关系。中国哲学关于天、地、人、物、我之间的"和谐"思想、"宽容"思想，不仅为自然环境和人文环境的生态平衡提供了睿智，而且是现代社会管理和企业管理的重要思想资源。现代管理强调人与自然、人与社会、人与人、人与物、人与内在自我的协调关系，强调一种宇宙一体、普遍和谐的整体观念。孟子说："亲亲而仁民，仁民而爱物。"张载说："民吾同胞，物吾与也。"王阳明说："仁者以天地万物为一体。"儒家观念中的宇宙家族思想及推己及人、仁民爱物的意识，在未来世界将会具有越来越重大的作用，对于事业与企业单位之间及内部人际关系的处理，乃至效益的显发有着重大的意义。

"中"是天下最重大的根本，"和"是天下通行的道路。将"中和"的原理发挥到极致，天地就清宁了，万物的生长就茂盛了。这里的"和"或"中和"，是人生实践中所能达到的最高境界，它具有通过实践追求以使现实与理想相统一的意味。

"中"的意思是不偏不倚，"无过无不及"，即适度。在哲学上，这又是对立与统一、质变与量变、肯定与否定之间的

"关节点"或"度",越过这一界限,事物就会发生大的变化。

"和",如前所述,一方面是多样统一、和谐的意思,另一方面与"中"一样,指恰当、适度。如《论语》里有子说的"礼之用,和为贵",《中庸》里的"发而皆中节谓之和"。这里的"和"是调节、事之中节、恰到好处。

中国哲学家强调整体的和谐和物我的相通。他们不仅把自然看作一和谐的体系,不仅争取社会的和谐稳定,民族、文化与宗教间的共存互尊,人际关系的和谐化与秩序化,而且追求天、地、人、物、我之关系的和谐化。儒道诸家都表达了自然与人文和合、人与天地万物和合的追求。《中庸》说:"万物并育而不相害,道并行而不相悖。小德川流,大德敦化。"《周易·系辞传》说:"天下同归而殊途,一致而百虑。"其宽容、平和、兼收并蓄、博大恢宏的品格,正是和谐或中庸辩证法的品格。

(二)"执两用中"其中有权

中国哲学讲偏反,讲对立,但只是把偏反和对立当作自然、社会与思维运动长链中的过渡环节,相比较而言,更喜欢

"中和""中庸"及"两端归于一致"。"中和"和"中庸"不是否定矛盾、偏反、对立，而是在承认矛盾、偏反、对立的基础上不走极端，求得一种动态的平衡，保持弹性，追求一种整体的和谐，把原则性与灵活性统一起来。在今天的管理工作中，对于统一与多样、集中与分散、创新与守成、放与收、宽与猛、变与常等，都有"两端归于一致"的方法论问题。

孔子有"叩其两端"之说，如果有人问孔子一个问题，他不一定马上回答。但是孔子的方法从这个问题的两边慢慢地去启发他，然后慢慢地回答。"叩其两端而竭焉"，一点一点问，从两端来问。我们处事，正和负、快和慢、多和少、高和下、阴与阳，很多很多有两个方面，两种力量，我们怎么相互地去叩问、相互去思考，达到一种平衡呢？

孔子主张"执其两端，用其中于民"，在两个极端之间找到动态统一平衡的契机，具体分析，灵活处理，辩证综合。这就是所谓"执两用中"的方法论。"执"就是把握。"两"就是统一体中对立的、矛盾着的两个方面、两种动能或势能。这一方法论主张把握事物中相互对立的方面或力量，运用无过无不及的中道原则行事。

孟子强调"执中"，即坚持中和、中庸的原则。孟子认为，"执中"还必须与"权变"相结合："执中无权，犹执一也。所恶执一者，为其贼道也，举一而废百也。"（《孟子·尽心上》）这里，"中"指原则性，"权"指灵活性。孟子发展了孔子的思想，认为主张中道如果没有灵活性，不懂得变通的办法，便是偏执一端。为什么大家厌恶偏执一端呢？因为它损害了天地间整体和谐和人世间仁义礼乐综合的大道，只看到一个片面，而废弃了其余多个方面。孟子反对杨朱极端的利己主义，又反对墨翟极端的利他主义，即是保持中道的体现。

（三）"两端一致"保持弹性

"中庸"只是平常的道理，于平常中见"道"。"尚中""执中"的管理方略，对"过"与"不及"之两端持守动态统一，使各种力量与利益参和调济、相互补充，在大小、刚柔、强弱、周疏、疾徐、高下、迟速、动静、进退、隐显之际保持弹性，具有一种节奏感，实在是一门高超的管理美学。这与现代管理学可以互动。

作为标准的"中"并不总是固定的，不是僵死的原则。

"中"不是处于与对立两端等距离的中点上，也不总是在某一点上，而是随具体情况、具体条件的变动而变动。这种思维方法不承认对立、矛盾双方之间，有一条僵硬不变、截然不可逾越的界限。"时中"指随时节制，合乎中道。儒家讲"趣时"，即根据时势变化，在一定程度上打破常规，采取适宜的措施。这里的"时中"，其实也包含了"趣时更新"的一部分内容。

中庸也是道德最高的标准，在道德领域中含有中正、公正、平正、中和的含义。因为"中"是正道，所以不偏。"庸"又是"常"的意思。古人说，用中为常行之道，中和为常行之德。"中庸"具有普遍的方法论的意义。这种方法论亦取之于自然。大自然的阴阳是相辅相成、动态平衡的，不偏向一个极端。中庸的方法吸纳了天地自然对立调和、互动互补的原则，并以之调和人类自身与天地、与万物的关系，达到中和的境地，使天地万物与人正常地发展。中庸之道又是人间之道，可以调节伦常关系、社群关系。

中庸思维方法论强调矛盾对立的中和，使两端都可以同时存在，都可以保持各自的特性，促进两端彼此互动、兼济、反应、转化。世界上的矛盾不一定都会发展到一方消灭另一方的地步。在多数情况下，矛盾的统一取中和的状况，既有矛盾、偏反、对立、斗争，同时彼此渗透，共存共荣。这种方法论重视对立面的同一性，强调依存和联结，以及两极或多极对立间的中介关系和作用。

中庸之道就在我们的生活中。例如，人与人交往要学会保持中道，即孔子所谓的"近之则不逊，远之则怨"，太亲近或太疏远都不好。就我们的身体与心理健康来说，也要在有为与无为、动与静、虚与实之间保持弹性。

在思想方法上，孔子尊重客观事实，反对主观偏执。"子绝四：毋意、毋必、毋固、毋我。"（《论语·子罕》）这是为了防止私意揣测、绝对肯定、拘泥错谬、自以为是。在处理人与人、事与事的关系中，在人与自然、人与社会、人与人、人自身内在的身心关系中，在家庭内部与外部，在处理国家之间、民族之间、宗教之间、文化之间等复杂事务中，我们如学会了中庸的方法论与境界论，就有了大智慧，可以坦然对待。

希腊哲学、印度佛教中也有中庸或中道的观念。亚里士多德说："德性是两种恶即过度与不及的中间。"据余纪元先生研究，亚里士多德与孔子一样，肯定中庸是德性，是美德，是品质中的"内在中庸"，也包含感情与行动中的"外在中庸"，同时强调人要实践德性中庸，正确处理情感与行为。（余纪元：《德性之镜：孔子与亚里士多德的伦理学》）在佛祖释迦牟尼的原始佛教中，就有"不着一边"之论，主张在两端中抉择，得到中道。大乘佛教龙树菩萨著《中论》，提出"中观"思想，形成"中观学派"。龙树从真俗二谛出发，让人们不执着于实有、虚无两边，讲缘起性空，这与儒家的中庸有着很大的区别。

结语：四书与"四书学"及其现代意义

关于何者为儒家最重要的经典，历史上学者们见仁见智，莫衷一是。这种选择代表了选择者的价值取向和学术立场。魏晋以来，不断有人重视、推尊《论语》《孟子》《大学》《中庸》《礼记》等儒家经典，也有人不取《礼记》，只选其中的《大学》《中庸》。

我们不能不佩服二程、朱子的情怀与眼光。朱子继二程之后继续推崇《大学》《中庸》《论语》《孟子》，将四书联袂并举、集结整合。朱子的《四书章句集注》是古代经典诠释的典范。是书印行之后，影响渐大。从此，四书之集合，成为儒家最基础的经典，也可以说是经典之经典。而且，注释、诠解、研究四书逐渐成为一种"学问"，即"四书学"。此学成为"显学"，地位越来越高。

南宋研究四书的学者逐渐增多，如真德秀有《四书集编》、蔡模有《四书集疏》、赵顺孙有《四书纂疏》、吴真子有《四书集成》等，这些著作选取、总结前贤的注疏，相互发明，总体上丰富了朱子的《集注》。

真德秀是朱子的再传弟子。他疏解朱子《四书章句集注》的著作《四书集编》，凡二十六卷。是书先录朱子《四书章句集注》，再选朱子语录附此，并引用二程及其弟子和张南轩等人的学说，加上自己的见解与诠释，形成系统。是书围绕朱子义理而展开，解读四书，精纯不杂，是理解四书的基本文献之一。

元代陈栎作《四书发明》、胡炳文作《四书通》，简易、精当。陈栎门人倪士毅综合陈、胡二人之书为一书，予以删正，是为《四书辑释》。是书重点突出，简明扼要，义理条贯，采择精当，对后世影响甚大。

有明一代，胡广等人奉旨编《四书大全》，凡四十卷，于永乐年间颁行天下。此书包涵了宋元之间小程、朱子等理学家们对四书解说的基本内容，一度成为科举考试在这一方面的标准教材，成为士子的必读书。《四书大全》包括了《大学章句大全》一卷、《大学或问》一卷、《论语集注大全》二十卷、《孟子集注大全》十四卷、《中庸章句大全》二卷、《中庸或问》二卷。

胡广等也是以倪士毅的《四书辑释》为蓝本，参以诸儒旧说，而纂成《四书大全》的。其中有些内容抄自倪书。倪书本有错讹，抄者则更加难免。《四书大全》的体例，先列四书正文，次列朱熹《四书集注》及诸儒之说。此书之颁行影响了有明一代，治四书者唯以此书为主。后来关于四书的讲义、书籍、文章浩如烟海。

清初学者王夫之（船山）有《读四书大全说》，按《四书大全》的篇章次序，用读书笔记的形式，借用其中一些命题，表达自己的哲学观点，虽仍在宋明理学的范畴之内，但有了批判理学的内容。不过，王船山其人其书沉寂了一百七十年，到晚清曾国藩刊刻《船山遗书》，才为世人所知。

以上我们简单地从学术史的角度，介绍了四书及“四书学”的形成与发展。

四书是一个整体，是一个系统，彼此补充，相互融摄。我们经常诵读四书，不难理解其精髓、要义。以下，笔者略为说说四书所代表、所展现的中国文化的若干特色：

首先，中华文明是学习的文明，不是宗教信仰的文明。

这不是说中国文化没有宗教，儒家文化没有信仰，而是说孔子、儒学所代表的中华文明是学习型的文明。所谓学习型的文明，就是说它不是以宗教性的信仰为动力，它的精神文化是以学习为动力的。也就是说，我们这里没有盲目的宗教的崇拜与排他性，不走极端。当然，儒家也有对天道、圣人、圣贤的崇拜与信仰，但它更强调学习的精神。学习的文明是世界文明的典范之一，它是开放包容的。人类所有的文化和精神文明，都有积极的层面，都值得我们认真学习。海纳百川，有容乃大。我们今天的中国人要更好地继承、弘扬以孔子为代表的中华文化这一学习的文明。

其次，四书奠定了中华民族的核心价值系统。

孔子的思想以"仁爱"为中心，我们继承孔子，对人道、人性的"爱人"的精神加以弘扬。四书中关于"五常"（仁义礼智信），"三达德"（智仁勇），忠恕之道等德目及其相互关系的内容十分丰富。礼乐教化是道德价值内在化的前提。这以后发展为"四维八德"，即"孝悌忠信，礼义廉耻"等。也可以说，四书强调的是常识、常道、常理、常情，包含亲情，这是我们基本的做人之道，做事之道。我们要抓住一个重心，那就是"己欲立而立人，己欲达而达人"，"己所不欲，勿施于人"，也就是曾子所说的"忠恕"之道。"忠"是积极意义的，奉献型的。"恕"是宽恕包容，兼容并包型的。这样一个忠恕之道、仁爱之道，它是不变的、永恒的，是我们中国人做人做事的一个恒常的道理，这个道理永远不会过时。

再次，四书文明是整个东亚文明的体现。历史上，四书不仅对中国，而且对朝鲜半岛、日本及东南亚等地的知识人与民众，都有程度不同的影响。朝鲜、日本及东南亚的儒学学者都有关于四书诠释的代表性的人物、学派与著作。这种影响一直延续到今天。而且，华人走到哪里，四书文化就传播到哪里。

最后，我们要以四书的精神来学习四书，特别要做到以"修身"为本，严格"三大辨"，即人禽之辨、义利之辨、君子小人之辨，力求知行合一，言行一致，表里如一，把四书义理落实在我们的日常生活中。读四书可以调整我们的身心，提升修养境界。

孔子儒家主张"仁且智"，仁智双彰。我们的青年人在读书，在学习，在追求真善美圣，在这里我们要强调什么？知不足的精神。我们既要知所足，也要知所不足；既要在物质文化方面知足常乐，又要在精神文化方面知不足。正如《学记》中所说的："知不足，然后能自反也；知困，然后能自强也。"所以我们要有一种自省的精神，自反的精神，要有一种知不足的精神，将物质层面的知足常乐和精神层面对真善美圣知不足的追求结合起来。我们要继承孔子，学习孔子。我们要有"仁且智"的精神，把知足和知不足辩证地结合起来。

我们一生要积极有为，也要有所不为，这才能干出一番事业。这是孟子讲的意思。人生要善做加法，也要善做减法，有舍才能有得。我们要选择什么事情当做，什么事情不当做，有一个做人的底线，有一个原则。我们无为而无不为，有为而有所不为，我们有耻德耻感，由此就能有所不为。这是人一生中有为和无为的统一。

以上是笔者学习四书的一点心得，在此就教于读者。

后　记

　　自 20 世纪 80 年代末、90 年代初开始，我在武汉大学讲了二十多年的"四书导读"（先讲的是"《论语》导读"）的课程。我们开始是以"中国文化"课程的名目来讲的。讲"中国文化"的概论课后，我觉得还不如让同学们读读经典，首选的经典当然是《论语》或四书。

　　我开始是在选修课、公共选修课（现改称通识课）上讲，后又受高级研究中心的邀请在"数理经济"与"数理金融"班上讲四书。

　　我们于 2002 年开始正式办了国学班，国学班开了四书的专题课，我任主讲。国学专业课要细细讲，先文字训诂，后分析义理。

　　四书的课，有通识的，有专业的。通识四书课的学分也有不同。近些年来，我年老讲不动了，青年教师们接上来讲，同一学期不同的老师竟开出好多门不同学分、不同课堂的《论语》课或四书课，供全校文理工医的学生们选用，很受欢迎，需求量大。国学院又另开了研究型的四书课程。这是我特别欣慰的事情。

我讲四书的课，主要导读原著原文，一字一句地讲，通识课主要以杨伯峻先生的《论语译注》《孟子译注》为教材，专业课教材除杨先生的两本《译注》外，加上朱子的《四书章句集注》。

在讲课的过程中，我逐渐也形成了自己的讲义。去年初，有人请我把讲义正式出版，我很乐意。原以为一下子就可以整理好讲义，不想又花了一年半的时间。衷心感谢青年教师谢远笋博士帮我整理了书稿，费力犹多。希望更多的读者使用我的这本书，由此进入四书的世界。

郭齐勇

2021 年夏于武汉武昌家中

　　衷心感谢中华书局张继海副总编审读了拙稿，提出了宝贵的修改意见。感谢吾友、本丛书主编陈引驰教授的关心与支持。感谢贾雪飞女史、董洪波先生的辛苦工作，使得本书成为"中华经典通识"的一种。

齐勇又及

2023 年中秋佳节